CW00676006

*Los casos de
la Agencia Eñe*

EL PALACIO
FANTASMA

© Del texto: Ana Alonso
© De esta edición: Grupo Anaya, S. A. 2018

Equipo editorial
 Coordinación: Milagros Bodas
 Edición: Sonia de Pedro
 Corrección: Gabriel Martínez Candenas
 Diseño, maquetación de interiores y cubierta: Lidia Muñoz Martín
 Ilustraciones: El Rubencio
 Grabación: Anaya Educación

Depósito legal: M-4274-2018
ISBN: 978-84-698-4696-4
Printed in Spain

Las normas ortográficas seguidas en este libro son las establecidas por la Real Academia Española en su última edición de la *Ortografía*.

Reservados todos los derechos. El contenido de esta obra está protegido por la Ley, que establece penas de prisión y/o multas, además de las correspondientes indemnizaciones por daños y perjuicios, para quienes reprodujeren, plagiaren, distribuyeren o comunicaren públicamente, en todo o en parte, una obra literaria, artística o científica, o su transformación, interpretación o ejecución artística fijada en cualquier tipo de soporte o comunicada a través de cualquier medio, sin la preceptiva autorización.

EL000594/1E1I - 1181503

Los casos de
la Agencia Eñe

EL PALACIO FANTASMA

ANA ALONSO

ELE

Descarga el audio en
www.anayaele.es

ÍNDICE

Capítulo 1

El móvil del robo

Me llamo Bruno, soy italiano, aunque vivo en Madrid, y nunca he querido ser detective privado. Pero lo soy... Aunque también soy otras muchas cosas: músico, artista audiovisual e incluso un poco escritor.

Precisamente fue en clase de escritura creativa donde empezó esto de ser detective. Una profesora de la escuela, Mati, tiene una agencia de investigación que se llama Eñe. Cuando Mónica y yo la ayudamos a resolver el caso de la bicicleta verde, decidió contratarnos. Ahora, los dos somos sus ayudantes.

A mí lo que más me gusta de ser detective no es resolver misterios, ni enfrentarme al peligro, ni descubrir a los culpables de un delito. Lo que más me gusta es estar con Mónica.

Vale, lo admito. Mónica me gusta, ya lo he dicho. Y yo creo que también le gusto a ella. Estoy casi seguro. Pero para estar completamente seguro, debería preguntárselo. Y nunca me atrevo. Porque ¿y si me dice que no?

Buf... No quiero arriesgarme. Además, así estamos muy bien. Ayudamos a Mati. Unimos nuestro talento* para investigar toda clase de problemas. Pasamos un montón de tiempo juntos, nos divertimos, nos reímos... ¿Qué más puedo pedir?

Mati es la jefa de la Agencia Eñe. Ella recibe a los clientes y después elige los casos que quiere resolver. En algunos de ellos la ayudamos Mónica y yo, en otros no. Pero creo que nuestro próximo caso va a ser un poco distinto, porque no hay cliente. O, mejor dicho, el cliente soy yo. ¿Por qué? Porque le he pedido ayuda a Mati para una amiga. Es una compañera de estudios que se llama Daniela. Los dos estamos haciendo un máster de creación audiovisual y nos llevamos muy bien*. Daniela vive en un piso de estudiantes aquí en Madrid, pero es de Alicante. Echa mucho de menos su ciudad. Siempre está hablando del paseo de palmeras junto al mar, de la playa de San Juan y del arroz a banda, un plato tradicional de allí. Yo nunca lo he probado, pero seguro que está riquísimo.

Bueno, el caso es que Daniela es muy buena en los estudios, especialmente, en la asignatura de Fotografía. Es la materia que más le gusta. Siempre está muy atenta a las explicaciones del profesor; la verdad es que hace unas fotos espectaculares. Pero el pasado lunes llegó tarde a esa clase. Tenía los ojos hinchados* de llorar y no prestaba atención al profesor.

Cuando terminó la clase, le pregunté qué le pasaba.

—Estoy muy preocupada por mi amiga Sofía —me explicó—. Es de Argentina, y en abril vino a visitarme a Madrid. Estuvo en mi casa quince días. Luego se fue a París, después a Roma... Y volvió a Madrid para tomar el avión de regreso a Buenos Aires. Pero cuando bajó del avión procedente de Roma, la detuvieron en el aeropuerto. La policía española la acusa de varios ciberdelitos.

—¿Y cómo te has enterado?

—Su hermana me llamó ayer por videoconferencia. Quiere que la ayude. Si paga una fianza*, Sofía quedará libre, pero no podrá salir de España hasta el juicio.

—¿En serio? Pero eso puede tardar meses… ¿Y tu amiga es inocente?

—¡Claro que es inocente! Dicen que ha estafado* a varias personas robándoles los datos de sus cuentas bancarias, pero ella no es capaz de hacer algo así. Es muy buena persona. Es bailarina profesional, y estas eran sus primeras vacaciones en dos años. ¡Me parece tan injusto!

—Si ella no lo ha hecho, ¿por qué la acusa la policía? ¿Qué pruebas tienen?

—Parece increíble, pero esos delitos se cometieron desde el teléfono móvil de Sofía. Bueno, ella lo llama «el celular», como en muchos países de América Latina.

—¿Y qué vas a hacer?

—Su familia me ha hecho una transferencia[1] y con ese dinero voy a pagar la fianza. Así Sofía saldrá de la cárcel. Luego se quedará a vivir en mi casa hasta el juicio. No podrá hacer la gira con su compañía de danza por Estados Unidos. ¡Están hundiendo su carrera!

—Creo que puedo ayudarte —le dije yo de repente.

Daniela me miró con los ojos muy abiertos. No parecía muy convencida.

—¿Tú, Bruno? Eso parece imposible… Este es un problema muy serio. Sé que eres un buen tipo, por eso te lo he contado. Sé que puedo confiar en ti, pero eres músico y artista. Bruno… ¿Cómo vas a ayudar a mi amiga?

---

[1] *Me ha hecho una transferencia*: ha dado orden en su banco para llevar dinero de su cuenta corriente a la mía.

—Tú déjame a mí. ¿Puedes darme su nombre completo y todos sus datos? Necesito saber en qué vuelo llegó, en qué lugar se encuentra detenida... Dame toda la información posible.

Daniela me mandó ayer por la tarde todos los datos por wasap. Y hoy, después de la clase de escritura con Mati, he pedido una reunión de urgencia en la Agencia Eñe.

La agencia está en el mismo edificio de la escuela de escritores. Es una buhardilla con un despacho muy elegante, un sofá de cuero y una chimenea. Mati y yo nos sentamos en el sofá, y Mónica se queda de pie junto a la chimenea apagada.

—Bueno, Bruno, ¿qué pasa? —pregunta Mati—. ¿Qué pasa? ¿Por qué tanto misterio?

—Sí, cuéntanoslo ya. ¡Estoy en ascuas! —dice Mónica.

—¿En ascuas? —pregunto sorprendido—. Ascuas quiere decir «brasas»*, ¿no? Pero no hay fuego en la chimenea.

—Estar en ascuas significa «estar impaciente, tener mucha curiosidad» —explica Mónica—. Bueno, ¿nos lo cuentas o no?

Entonces les cuento el problema de Sofía, la amiga de Daniela. Mati y Mónica me escuchan con mucha atención hasta que termino mi relato.

—Esa Daniela... ¿No es la chica rubia que estaba en el último concierto de tu grupo? —pregunta Mónica al final.

—Sí, ella es Daniela. Es muy maja, ¿verdad?

Mónica pone cara de desagrado.

—No sé. A mí me parece que tiene muchos humos.

—¿Humos? No, Daniela no fuma.

—Ay, Bruno, no te enteras de nada. *Tener muchos humos* es «creerse mejor que nadie» —explica Mónica.

—Bueno, chicos, nos estamos desviando del problema —dice Mati—. Bruno, tú confías en esa chica, ¿verdad?

—¿En Daniela? Claro que sí. Es amiga mía... y no tiene muchos humos —añado, girándome hacia Mónica.

—Y tu amiga Daniela también confía en Sofía —continúa Mati—. ¿Pones la mano en el fuego por tu amiga?[2]

—Claro que sí.

—Está bien, Bruno —dice Mati—. Entonces, tenemos una chica inocente detenida por varios ciberdelitos. Esos delitos se han realizado desde su móvil. Está claro que la están utilizando. Solo necesitamos descubrir quién lo hace y cómo.

—Entonces, ¿aceptas el caso, Mati? —pregunto—. ¿No te importa no tener un cliente?

—No, claro que no —dice Mónica casi enfadada—. Somos un equipo, Bruno. Nos ayudamos unos a otros, ¿verdad, Mati?

Mati mira a Mónica con una sonrisa divertida.

—Sí, Mónica —contesta—. Somos un equipo, claro que sí.

---

[2] *Poner la mano en el fuego por alguien*: arriesgarse por alguien en quien confías.

1. Contesta estas preguntas.

a) ¿Quién es Daniela? ¿Por qué está preocupada?

b) ¿Cómo se encuentra Sofía en el momento en que habla Bruno?

c) ¿Crees que a Mónica le gusta Daniela? ¿Por qué?

2. Reescribe las oraciones utilizando una de estas tres expresiones.

Tener muchos humos

Poner la mano en el fuego

Estar en ascuas

a) Confío totalmente en María.

b) Julián es muy orgulloso. Se cree el más listo de todos.

c) Estoy deseando saber qué ha pasado.

3. Busca la ciudad de Alicante en internet y completa la información.

Comunidad Autónoma .

Número de habitantes .

Mar que baña la costa alicantina ▮▮▮▮▮▮▮▮.

Lugares de interés (cita tres) ▮▮▮▮▮▮▮▮.

4. Contesta estas preguntas.

a) ¿Sabes cómo se llaman los habitantes de Alicante?

▮▮▮▮▮▮▮▮▮▮▮▮▮▮▮▮

b) Además de español, en Alicante se habla otra lengua. Averigua cuál es.

▮▮▮▮▮▮▮▮▮▮▮▮▮▮▮▮

5. Indica la profesión de cada personaje.

Bruno se dedica a la música.

Bruno es ▮▮▮▮▮▮▮▮.

Sofía se dedica a la danza.

Sofía es ▮▮▮▮▮▮▮▮.

Mati da clases de escritura creativa.

Mati es ▮▮▮▮▮▮▮▮.

6. Indica quién de ellos es español y quién es argentino.

Carlos: *No encuentro el celular.* ▮▮▮▮▮▮▮▮.

Antonio: *He perdido mi móvil.* ▮▮▮▮▮▮▮▮.

¿sabías que?

RECETA DE ARROZ A BANDA

Ingredientes

600 g de arroz, 350 g de sepia, 1 kg de gambas, 1,5 l de caldo de pescado, 4 tomates rallados, azafrán, pimentón dulce, aceite de oliva virgen extra, sal, alioli (opcional).

1. En una sartén plana o paella calentamos el aceite y añadimos la sepia. Doramos a fuego medio.
2. Añadimos las gambas y mezclamos bien.
3. Añadimos el tomate rallado y seguimos removiendo unos cinco minutos.
4. Echamos el arroz y removemos unos minutos más. Añadimos el azafrán y el pimentón.
5. Añadimos un litro y medio de caldo de pescado.
6. Subimos el fuego hasta que todo empieza a hervir. Luego lo bajamos un poco y dejamos cocer unos 20 minutos.
7. Apartamos del fuego y dejamos reposar 5 minutos el arroz tapado con un paño limpio.

Capítulo 2

Los tratan como «mulas»

Mati ya quiere hablar con Mónica y conmigo sobre el caso de Sofía. Parece que tiene novedades. ¡Qué rápida es! Solo han pasado dos días y ya ha averiguado algo.

Hemos quedado los tres en un restaurante indio de la calle Argumosa. La idea ha sido mía. Me gusta este sitio porque la comida es barata y está abierto hasta muy tarde por la noche. Cuando salgo de fiesta con mis amigos, muchas veces cenamos aquí.

Yo llego el primero, pero Mati llega enseguida. Los dos miramos la carta mientras esperamos a Mónica. El camarero nos trae agua.

Mónica llega por fin. Viene casi sin poder respirar; parece que ha venido corriendo.

—Lo siento —se disculpa—. Estoy con exámenes en la universidad y he aprovechado para estudiar hasta el último minuto.

—No te preocupes —dice Mati. Y yo le sonrío.

Mónica estudia Veterinaria porque le encantan los animales. Es una carrera bastante difícil, y tiene muchísimos exámenes, sobre todo ahora en mayo. Por eso le agradezco mucho que esté aquí.

Pedimos empanadillas[3] indias y curry de pollo para los tres. Primero nos traen el pan indio. En este restaurante está delicioso. Empiezo a comer, distraído.

—Bueno, os cuento ya las novedades —empieza Mati—. Sofía ya está en libertad. Daniela ha pagado la fianza con el dinero que le mandó la familia desde Argentina. Ahora está en casa de Daniela.

—Sí, eso ya lo sabía —digo—. Daniela me lo contó. Pero ¿tú cómo te has enterado?

—Tengo una amiga en la unidad de ciberdelitos de la policía —explica Mati—. Se llama Luz. Y me ha contado cosas muy interesantes sobre el caso de Sofía. Parece que a cuatro turistas les ha pasado lo mismo en los últimos meses: una japonesa, un inglés, un brasileño y una australiana. Son gente normal que, de repente, empieza a realizar robos desde su móvil. Muy sospechoso.

—Pero ¿son delincuentes* de verdad? —pregunta Mónica.

—La policía piensa que no —contesta nuestra jefa—. Piensa que son víctimas, a las que están utilizando como mulas.

—¿Como «mulas»? —repito.

He debido de poner una cara muy rara, porque Mati y Mónica empiezan a reír.

En ese momento nos traen la comida.

—Una mula es una mezcla de caballo y burro, ¿no? —pregunto con la boca llena.

---

[3] *Empanadillas*: pastel pequeño frito en forma de media luna relleno de carne, atún u otro alimento.

Las empanadillas están riquísimas[4]. ¡Qué hambre tenía!

—Sí. Las mulas eran animales que en el pasado se utilizaban mucho en la agricultura* —explica Mati—. Ahora ya no, porque todo se hace con máquinas. Pero, en informática, una mula es alguien que, sin saberlo, está dejando que usen su dirección IP para cometer delitos.

—Entonces, esos cinco turistas, en realidad, son mulas —dice Mónica.

—Eso cree la policía, pero todavía no pueden probarlo. Y ahí es donde entramos nosotros. La policía nos pide nuestra colaboración en este caso. Así que ya tenemos un cliente. ¡Son ellos!

Mónica sonríe. Yo no puedo, porque tengo la boca llena.

—¡Estupendo! —dice Mónica—. ¿Y por dónde empezamos? ¿Qué sabemos de esos cinco turistas? ¿Estuvieron en el mismo hotel? ¿Viajaron en el mismo avión?

—Solo sabemos que los cinco estuvieron en Madrid en los últimos tres meses. Unos en hoteles, otros con amigos, como Sofía… Viajaron en diferentes fechas y se alojaron en zonas distintas de la ciudad.

—¿Les robaron el móvil? —pregunta Mónica a Mati.

Exactamente eso iba a preguntar yo, pero estoy masticando mi segunda empanadilla… y, claro, no he podido.

—No, a ninguno de ellos le robaron el móvil. Eso es lo curioso. Y no parecen tener nada en común. Tienen edades distintas, intereses distintos... Solo hay algo que hicieron todos: visitar el Museo del Prado.

---

[4] *Las empanadillas están riquísimas*: tienen un sabor excelente.

—Bueno, pero eso es normal. Los turistas que vienen a Madrid siempre van al Museo del Prado. Ese dato no significa nada —concluye Mónica.

También tengo en mente decir lo mismo que Mónica, pero hace un instante me he metido en la boca mi tercera empanadilla y no puedo hablar.

De repente, Mónica me mira de un modo extraño y exclama.

—¡Bruno, te estás poniendo morado!

Me asusto. ¿Me han dado alergia* las empanadillas? Salgo corriendo al baño y me miro en el espejo.

No sé, ¡yo no me veo morado! Ya más tranquilo, vuelvo a la mesa. Mónica y Mati me miran intentando no reírse.

—¿Creías que estabas realmente de color morado? ¡No, hombre! Ponerse morado es «comer demasiado» —explica Mónica.

—¿Pero por qué decís cosas tan raras? Me confundís. Mónica, yo creo que lo haces a propósito⁵ para reírte de mí.

—No, no es verdad —se defiende Mónica—. ¿Ahora me vas a poner verde?

—¿Pero por qué voy a hacer eso? —pregunto yo sin entender nada—. Espera, ya lo sé: es otra frase vuestra…

—Sí, Bruno, y significa «hablar mal de alguien» —contesta Mati—. Pero vamos a volver a nuestro caso. Hago un resumen de lo que sabemos hasta ahora: cinco turistas vienen a Madrid de vacaciones. No se conocen, no viajan al mismo

---

⁵ *Lo haces a propósito*: lo haces con intención, queriendo hacerlo.

tiempo ni van a los mismos hoteles. Poco tiempo después de su viaje, los cinco cometen delitos desde su teléfono, pero ellos no son delincuentes. Alguien ha manipulado* sus teléfonos.

—Una pregunta —digo—. Si cada turista es de un país... ¿Por qué los está investigando a todos la policía española?

—Porque todas las estafas hechas desde sus teléfonos son a españoles —explica Mati—. Además, no todos han vuelto a sus países. El chico inglés está en Mallorca, y no le dejan salir de España.

—¿Y por qué piensa la policía que los cinco casos están relacionados? —pregunta Mónica—. En el mundo se cometen muchos ciberdelitos. Seguro que a mucha más gente en España la están utilizando de la misma manera.

—De la misma manera no. Estos cinco casos son iguales. El mismo tipo de estafas, siempre a personas mayores y de nacionalidad española. Cuando la policía investiga, llega hasta los teléfonos de las mulas. No pueden pasar de ahí. Los verdaderos delincuentes quedan libres.

—¿Y qué podemos hacer nosotros para llegar hasta ellos? —pregunto.

Mati deja el tenedor en el plato y sonríe tranquila.

—Vamos a descubrir cómo han conseguido utilizar a esos cinco turistas, cómo han entrado en sus móviles. Y para eso, tenemos que investigar qué hizo cada uno de ellos en sus vacaciones: a qué restaurantes fueron, a qué museos, a qué espectáculos. Todo. Algo me dice que encontraremos coincidencias. Seguro que todos han hecho una misma cosa. Seguro que si lo descubrimos, llegaremos hasta los verdaderos culpables.

1. Averigua en qué famoso barrio de Madrid está la calle Argumosa. Anota otros barrios famosos de Madrid.

2. En el texto, ¿qué quiere decir que los turistas son utilizados como «mulas»?

3. ¿En qué lugar han estado los cinco turistas acusados de ciberdelitos?

4. Escribe una oración con cada una de estas expresiones.

a) Ponerse morado:

b) Poner verde a alguien:

5. Escribe estas oraciones en pretérito indefinido y en pretérito imperfecto de indicativo.

a) Están en el mismo hotel.

b) Mónica sonríe.

c) Mastico mi tercera empanadilla.

d) Los cinco casos son iguales.

6. Explica con tus palabras qué es un ciberdelito.

DESCUBRIENDO EL MISTERIO

- ¿Qué crees que van a descubrir Mati, Mónica y Bruno en el capítulo siguiente?

- ¿Qué pistas nuevas te imaginas que encontrarán?

Capítulo 3

Todas las pistas llevan a Toledo

Estamos en el parque del Retiro. Hace una mañana de sábado preciosa, perfecta para pasear bajo los árboles, pero Mónica y yo hemos venido a trabajar. Sentados en la hierba, sacamos nuestros portátiles de las mochilas.

—Bueno, empieza tú —me dice Mónica.

Está muy pálida y tiene cara de cansada. Sé que ayer se quedó estudiando hasta muy tarde. Tiene un examen la semana que viene.

Ella siente que la estoy mirando y sonríe.

—Concéntrate, Bruno —me dice—. ¿Qué has averiguado?

Enciendo mi ordenador y, mientras se pone en funcionamiento, le hago un pequeño resumen de mis investigaciones.

—Estuve hablando por videoconferencia con la mujer australiana. Tiene una librería en la ciudad de Adelaida. Le expliqué con claridad lo que estábamos investigando. Pensé que no iba a confiar en mí, pero lo hizo.

—Es que tú inspiras confianza[6], Bruno —dice Mónica.

---

[6] *Inspiras confianza*: tienes algo que hace que la gente confíe en ti.

La miro. No sé si lo ha dicho para burlarse de* mí, como una broma… Pero no está sonriendo. Yo creo que iba en serio.

—El caso es que respondió a todas mis preguntas —continúo—. Me contó lo que hizo cada día de sus vacaciones aquí en España. Estuvo tres días en Madrid —añado repasando mis notas—. Paseo turístico en bus, cañas y tapas en una visita guiada, el Museo del Prado, el Thyssen… Lo típico. Desde Madrid fue un día a Toledo y otro a Salamanca. Después pasó cuatro días en Barcelona, dos en Granada y tres en Sevilla. Tengo los nombres de todos los hoteles.

—Bien. Luego comparamos —dijo Mónica—. Y tendrás también los datos de Sofía, la amiga de Daniela.

—Sí, claro. En su caso, ya sabes que estuvo en Madrid. También fue al Museo del Prado, visitó el Museo Reina Sofía, hizo un recorrido por el Madrid de los Austrias, una excursión a El Escorial y otra a Toledo.

—Curioso —murmura* Mónica con la mirada fija en su ordenador.

—¿Por qué lo dices?

Levanta la cabeza para mirarme.

—Noriko, la japonesa que ha investigado Mati, también estuvo un día en Toledo. Ronaldo, el chico brasileño, pasó en Toledo tres días. Y Gary, el inglés, también hizo una excursión a Toledo desde Madrid.

—¿Puede ser la pista que estamos buscando?

—No lo sé, Bruno. Puede ser. A Gary, el inglés, le encantó Toledo. Dice que fue lo que más le gustó de España. En su opinión, la visita fue muy especial y estuvo muy bien organizada. Comieron en un restaurante precioso con vistas al río Tajo.

—¡Qué curioso!... Jessica, la australiana, también habló de un restaurante con vistas al Tajo —recuerdo de pronto—. ¡Qué casualidad, el mismo restaurante!

—¿Y si los demás también fueron a ese mismo restaurante? ¿Sofía te comentó algo?

—No, pero puedo llamar a Daniela. Seguramente estará con ella. Se lo preguntaremos.

Mónica se encoge de hombros[7]. ¿Son imaginaciones mías o Daniela no le gusta en absoluto?

De todas formas, saco mi teléfono y busco en la agenda a Daniela. Marco su número. Contesta enseguida.

—Bruno, ¡qué bien que llamas! ¿Hay concierto?

—No, no te llamo por eso —le contesto—. En realidad quiero hablar un momento con Sofía. Necesito preguntarle una cosa. Es por la investigación.

—Ah, vale. Ahora te la paso.

La voz de Daniela me ha sonado un poco decepcionada, me parece. ¿Serán imaginaciones mías otra vez?

«Demasiada imaginación», me dice siempre mi madre. Y creo que sí, que ese es mi problema.

—Hola, Bruno —dice Sofía al otro lado de la línea—. ¿Alguna novedad?

---

[7] *Se encoge de hombros*: levanta los hombros mostrando indiferencia.

Pongo el manos libres. Así también Mónica puede escuchar la conversación.

—No… Solo una pregunta. Cuando fuiste a Toledo, ¿comiste en un restaurante con vistas al Tajo?

—Sí. Era un sitio encantador. Y la comida, buenísima. Sobre todo el cordero asado y el postre, que era de chocolate.

—¿Te acuerdas del nombre del restaurante?

Sofía se queda pensando.

—Esperá… El Cigarral de Lola, creo que era. Sí. Me llamó la atención el nombre porque no sabía qué era un cigarral.

—¿Y qué es un cigarral? ¿Un sitio donde se fabrican cigarros? ¿O donde hay muchas cigarras*?

—Es una casa de campo típica de Toledo, con jardines y árboles frutales —me explica Sofía—. El Cigarral de Lola. Sí, ese era el nombre.

Mónica me está mirando mientras teclea algo en su ordenador. Quizá está anotando lo que cuenta Sofía.

—Bueno, pues muchas gracias, Sofía. Creo que eso es todo…

—Espera —dice de pronto Mónica, subiendo la voz—. Sofía, ¿recuerdas algo más de ese viaje a Toledo? ¿Algo raro o especial?

—Perdoná, pero ¿vos quién sos? —pregunta Sofía sorprendida.

—Soy Mónica. Bruno y yo estamos ayudando a la policía en la investigación —explica Mónica con orgullo.

—Ah… Bien.

—Entonces, ¿te acuerdas de algo más de ese viaje a Toledo?

Sofía se queda callada unos instantes.

—Me gustaron mucho las dos sinagogas. No me acuerdo ahora de sus nombres. En una hay un museo fantástico. También me encantó la catedral. Muy bonita. Y las tiendas de recuerdos*. Me compré unas tijeras doradas con adornos* negros. Cortan muy bien.

—¿Eso es todo? —pregunto.

—No, hicimos muchas cosas. Visitamos las Cuevas* de Hércules, un lugar mágico. Me encantaron los efectos especiales.

—¿Efectos especiales? —pregunta Mónica.

—Sí. Estaban muy bien hechos. Incluso había realidad aumentada.

Mónica me mira pensativa.

—Muchas gracias, Sofía —dice—. Si necesitamos algo más, te llamaremos.

—De nada. Adiós.

—Un momento —digo yo—. Esa excursión… ¿La hiciste tú sola?

—No, la contraté en una agencia de viajes, no me acuerdo del nombre, pero estaba en la estación de Atocha. Era una excursión organizada. Se titulaba «Toledo mágico». Me llamó mucho la atención y por eso me apunté.

—¿Y cuánto te costó?

—Doscientos euros —dijo Sofía—. Es mucho dinero para una excursión de un día, pero no me arrepiento. La excursión estuvo genial. ¿Ya está?

—Sí. Gracias, Sofía —dice Mónica.

Esta vez nos despedimos de verdad.

—«Toledo mágico» —repito—. Preguntaremos a los otros si contrataron esa misma excursión.

—Seguro que sí —contesta Mónica en voz baja.

Vuelve a escribir en su ordenador y yo me quedo mirándola sin hacer nada, como un tonto. Por fin termina.

—¿Qué estabas escribiendo? —le pregunto.

—Lo que nos ha dicho Sofía. Pienso que es importante.

—¿Crees que fue en el restaurante donde le cogieron el teléfono a Sofía?

—Quizá… Tendremos que investigar sobre El Cigarral de Lola y también sobre el resto del recorrido por Toledo.

—Pero para eso…

No me da tiempo a terminar la frase.

—Sí, Bruno. Es lo que estás pensando. Para eso tenemos que ir a Toledo. Venga, vamos a la estación.

Mi amiga se pone en pie, apaga el portátil y lo guarda en la mochila.

—Un momento. ¿Ahora? —le pregunto—. Es un poco tarde, no nos dará tiempo.

—No vamos a coger el tren, Bruno. Vamos a la agencia de viajes de la estación. Preguntaremos si tienen una excursión a Toledo llamada «Toledo mágico». Y, si la tienen, la contrataremos. Mati nos pagará el viaje. ¿Te parece bien?

—¡Claro! —contesto muy contento.

Ir de excursión con Mónica, pasar con ella el día entero... ¿Cómo no me va a parecer bien?

1. ¿Dónde ocurre este capítulo?

2. ¿Qué descubren Mónica y Bruno en el capítulo? Resúmelo en una oración.

3. ¿Qué compró Sofía en su visita a Toledo?

4. ¿Cómo se llamaba la excursión a Toledo que hizo Sofía? ¿Cuánto le costó?

5. Busca información sobre los cigarrales de Toledo. Describe cómo son.

6. Escribe una oración con cada una de las siguientes palabras: *cigarro, cigarra, cigarral.*

7. Sofía dice: «Perdoná, pero ¿vos quién sos?» en lugar de «Perdona, pero ¿tú quién eres?». ¿Sabes por qué?

8. Averigua cómo se dicen en Argentina las siguientes palabras.

a) melocotón:

b) falda:

c) piscina:

d) metro:

e) autobús:

f) camiseta:

g) sujetador:

h) camarero:

Capítulo 4

Realidad virtual

¡Qué día tan emocionante! Hemos salido en tren hacia Toledo a primera hora de la mañana. Nuestro grupo estaba formado por doce personas. Todos, menos Mónica, eran extranjeros.

Nos acompaña una guía fantástica que se llama Marta. Es muy guapa, con un rostro alegre y una larga melena negra. Todas las explicaciones las da primero en inglés y luego en español. Los turistas que vienen con nosotros son de diversas nacionalidades: hay una familia china, dos jóvenes alemanes, una pareja de portugueses y tres amigas mexicanas. Formamos un grupo muy variado.

Lo primero que visitamos en Toledo es la catedral. Es impresionante, la verdad, y no solo por su tamaño. Está llena de cosas interesantes para ver. Marta nos va explicando todo bastante deprisa, pero se para más tiempo delante de una escultura que ella llama *El transparente*.

—¿Por qué se llama así? —pregunto.

Yo no veo nada transparente. Solo veo una escultura con muchas figuras, en oro y mármol.

—Se llama así porque está iluminado por un sistema muy original de ventanitas que hay arriba. Así entra la luz del sol y se refleja —contesta Marta.

No me parece una explicación demasiado buena, pero Marta se dirige ya hacia otra obra de arte y todo el grupo la sigue sin hablar. Después de visitar la catedral vamos a San Juan de los Reyes y luego a las dos sinagogas: la sinagoga del Tránsito y la de Santa María la Blanca. Las dos son preciosas.

Al final tanta visita cultural me ha abierto el apetito. Por eso me alegro cuando Marta nos dice que nos vamos a comer.

Nos llevan al restaurante El Cigarral de Lola. A Mónica y a mí nos dan una mesa junto a la ventana. ¡Qué suerte!, porque las vistas sobre el río Tajo son maravillosas.

Durante la comida, Mónica me habla de sus estudios de Veterinaria, y yo le cuento cosas graciosas de mi grupo musical. Nos lo pasamos muy bien[8]. Nos reímos mucho.

—¿No has pensado que esto casi parece una cita romántica? —me dice ella de pronto.

Creo que me estoy poniendo rojo y no quiero.

—Contigo, para mí todas las citas son románticas —digo.

Siento que mi voz tiembla un poco. Quizá he ido demasiado lejos y Mónica se enfada, pero ella me sonríe y baja los ojos, un poco avergonzada.

—Gracias por decir eso —murmura—. Es... muy bonito.

Este era un momento perfecto para hablarle de mis sentimientos y decirle que estoy enamorado de ella. Y ahora mismo, Mónica me mira de una forma... Creo que... Creo que ella también siente algo por mí.

---

[8] *Nos lo pasamos muy bien*: nos divertimos mucho.

Me armo de valor. Voy a decírselo. Sí, ha llegado el momento. Le voy a contar todo lo que...

—Amigos, ya es tarde —dice Marta y se levanta—. Y nos esperan para enseñarnos las Cuevas de Hércules. Aquí empieza la parte más mágica del recorrido.

Mónica se toma la última cucharada del postre de chocolate y suspira.

—¡Vamos! —dice y se levanta de la silla.

Me mira a los ojos. No parece muy contenta. Creo que estaba disfrutando de esta comida tanto como yo. Quizá... Quizá también quería hablarme de sus sentimientos hacia mí.

Pero no podemos olvidar que tenemos una misión. Estamos investigando un caso y debemos seguir adelante.

Nos acercamos a la caja a pagar. Delante de nosotros está la madre de la familia china. Paga directamente con una aplicación de su teléfono.

Mónica me da un codazo.

—Fíjate en eso —me dice en voz baja—. ¿Y si es así como consiguen meterse en los móviles?

—Puede ser —contesto—. ¿Alguien más ha pagado con el móvil?

—Uno de los alemanes —contesta Mónica.

—Estaremos atentos. Quizá ellos son las próximas víctimas.

Nosotros pagamos en efectivo. Cuando salimos, un minibús nos está esperando. Todo el grupo sube.

El autobús se mete por las calles estrechas de Toledo. Algunas están muy inclinadas y el vehículo tiene problemas para subir. El conductor para en una plaza bastante grande. Desde allí, Marta nos guía a pie hasta una calle corta y con casas bajas a los lados. Nos detenemos frente a una casa con un jardín al lado. Entramos por el jardín.

Al final del jardín hay unas escaleras. Bajamos por ellas y llegamos a un sótano* con antiguos arcos de piedra. Es impresionante.

Marta nos explica que se construyó en época romana, pero, según la leyenda, aquí se encontraban las famosas Cuevas de Hércules.

Suena una suave música y las paredes se iluminan con colores verdes, como reflejos de agua. Los colores van cambiando.

—Aquí empieza la verdadera experiencia mágica —dice Marta—. Si queréis, podéis descargaros* la aplicación «Toledo mágico» en el móvil. Es una aplicación de realidad aumentada. Si no podéis, no pasa nada. Yo os lo explicaré todo.

Enseguida busco la aplicación «Toledo mágico» y le doy a descargar. Se descarga muy rápido. ¡Qué bien funciona el wifi en este sótano! Es sorprendente. Y además es gratuito.

Mónica saca su móvil. Se conecta a la red wifi, pero cuando intenta descargar la aplicación, algo no va bien.

—¿Qué pasa, no puedes descargar la aplicación? —pregunto.

—No puedo, no tengo espacio, tengo demasiadas fotos y casi no tengo memoria —explica ella—. De todas formas, Bruno, ¿no has pensado que esa aplicación puede ser la trampa? ¿Aquello que usan los criminales para meterse en los móviles de los turistas?

Lo he pensado, sí, justo cuando Mónica me lo ha dicho.

—Bueno, pues si es así, mejor —digo—. Así investigaremos esta aplicación y veremos qué pasa. Pero ahora, ¡vamos a disfrutar de ella!

La verdad es que la aplicación está muy bien. Cuando enfocas con ella distintos marcadores en la pared de piedra, ves a Hércules explicando la leyenda de este lugar. Lo ves en tres dimensiones, es impresionante. Parece real.

—Yo construí este palacio con mármol y jade* —dice—. Y encerré dentro todos los males que podían ocurrirle a España, pero también dejé aquí dentro grandes tesoros. El más valioso era la mesa de Salomón, hecha de oro y piedras preciosas.

En el siguiente marcador, Hércules continúa explicando su leyenda. Mónica mira por mi móvil para ver y oír.

—Cuando terminé el palacio di una orden: cada rey tenía que poner un candado* en la puerta de mi palacio. Todos lo cumplieron. Y la puerta se llenó de candados. Hasta que un rey de principios del siglo VIII, Don Rodrigo, lo estropeó todo. No tenía dinero y quería las riquezas de mi palacio, por eso rompió todos los candados de la puerta.

Cambiamos a otro marcador que está sobre una columna. Hércules vuelve a aparecer gracias a la aplicación.

—El rey Rodrigo entró en el palacio. Parecía el mismo infierno*. Había pinturas de invasores del desierto que entraban en el país. Y eso fue lo que sucedió poco después. Vinieron los árabes musulmanes desde el norte de África e invadieron la península.

—¡Qué tontería! —dice Mónica—. La invasión musulmana en el siglo VIII fue muy buena en muchos aspectos. Por ejem-

plo, provocó un importante avance cultural. Esta leyenda no tiene sentido.

—Tenía sentido para la época —contesta Marta, que la ha oído—. Es solo una leyenda, pero una leyenda muy mágica, ¿no creéis?

Sí, este es un sitio mágico… Y aunque la leyenda de los candados es muy loca, a mí me ha gustado. Esta excursión está llena de sorpresas… ¡Qué pena que pronto se terminará!

1. Busca información sobre la sinagoga de Santa María la Blanca y completa.

   a) Se construyó en el año

   b) Fue transformada en iglesia en el año

   c) Es un edificio de estilo

   d) Tiene arcos de

2. ¿Qué quiere decir *armarse de valor*? Escribe una oración con esta expresión.

3. ¿Por qué Mónica no se descarga la aplicación de realidad aumentada en las Cuevas de Hércules?

4. Resume con tus palabras la leyenda del palacio de los Candados o las Cuevas de Hércules.

5. Otra leyenda toledana muy famosa es la leyenda de La Cava. Busca información sobre ella y resúmela aquí.

6. Subraya los adjetivos que describen las calles de Toledo.

Anchas

Inclinadas

Modernas

Arboladas

Estrechas

Planas

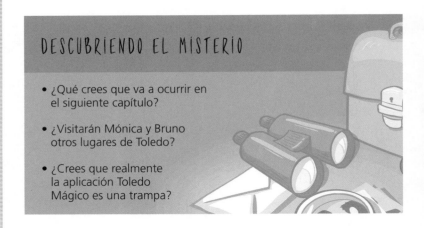

DESCUBRIENDO EL MISTERIO

- ¿Qué crees que va a ocurrir en el siguiente capítulo?

- ¿Visitarán Mónica y Bruno otros lugares de Toledo?

- ¿Crees que realmente la aplicación Toledo Mágico es una trampa?

Capítulo 5

Una cueva de ladrones

Desde el palacio de los Candados fuimos al Museo del Greco. El Greco fue un pintor griego de finales del Renacimiento que vivió y trabajó casi toda su vida en Toledo. Yo no conocía sus pinturas, pero me encantaron. Tenía una manera muy curiosa de representar la figura humana: siempre hacía personajes muy alargados y ¿cómo decirlo?... muy espirituales. Casi siempre pintaba escenas religiosas.

Cuando terminamos de ver el museo nos dieron un café en los jardines con unos pastelitos deliciosos. Marta nos explicó que eran mazapanes, unos dulces típicos de Toledo, y que su origen era árabe. En Toledo estos dulces se comen todo el año. En el resto de España, solo en Navidad.

Antes de finalizar la excursión fuimos a ver una obra muy importante del Greco, *El entierro del conde de Orgaz*. Está en una iglesia y es una pintura enorme que representa el entierro de un noble*. En la parte de abajo de la pintura hay muchos hombres vestidos de negro con cuellos blancos, y en la de arriba aparece el Cielo con los ángeles, los santos, Jesucristo y un montón de gente. Es un cuadro impresionante, sin duda.

Después, volvimos a la estación para coger el tren. Llegamos a Madrid a las nueve de la noche.

Y Mónica me dijo:

—¿Por qué no vienes a cenar a mi casa? Hoy mi abuelo va a hacer tortilla de patata, mi plato favorito, y él la hace riquísima.

Acepté, por supuesto. Y aquí estamos, en casa del abuelo de Mónica, Teo. La tortilla casi se ha acabado ya. Realmente estaba deliciosa.

Teo es un hombre encantador. Escucha con mucho interés todo lo que le contamos sobre nuestra excursión.

—Yo he visitado todos esos lugares que decís —nos cuenta—. Excepto el restaurante y las Cuevas de Hércules. Antes no se podían visitar. Las abrieron al público hace poco. Están en el callejón de San Ginés, ¿verdad?

Yo digo que sí, porque no me acuerdo del nombre de la calle, pero Mónica mira a su abuelo de un modo extraño.

—Las Cuevas de Hércules que nosotros hemos visitado no están en el callejón de San Ginés —dice—. Me fijé en el nombre de la calle cuando salía. Era la calle de la Sal.

—Vamos a buscar en internet —digo—. Así sabremos dónde están realmente.

Mónica busca en su portátil y yo en mi móvil, mientras Teo recoge los platos de la cena.

Los dos encontramos lo mismo. Nos miramos.

—Las únicas Cuevas de Hércules que aparecen están en el callejón de San Ginés —dice Mónica.

—Lo mismo estoy viendo yo. En la calle de la Sal no hay nada. Solo casas muy antiguas.

—Pero entonces, ese lugar en el que hemos estado…

Mónica no llega a terminar la frase, pero lo hago yo:

—Hemos estado en un palacio fantasma.

Teo pone un frutero con plátanos y naranjas sobre la mesa. Luego se sienta.

—En Toledo hay muchas casas con subterráneos que se comunican unos con otros. Seguramente habéis estado en una de esas casas —comenta.

—Sí, pero nos han engañado —dice Mónica—. ¿Y para qué?

—La aplicación de realidad aumentada —contesto—. Todo es una trampa para que los turistas descarguen esa aplicación en sus móviles.

—Pero Marta no insistió mucho con eso —recuerda Mónica—. Dijo que podíamos descargarla, nada más.

—Claro. Es mejor no insistir —dice Teo—. Así, todo parece natural.

Mónica me mira con preocupación.

—Debes borrar ahora mismo esa aplicación de tu móvil —me dice—. Si es lo que creemos, puedes tener problemas.

—No voy a borrarla, Mónica. Esa aplicación es una pista muy buena. Se la llevaremos a Mati. Ella y su amiga de la policía pueden investigar lo que se esconde ahí.

—Ya, pero ¿y si ya han empezado a utilizar tu móvil como «mula»? ¿Y si están usándolo para cometer delitos?

—Con los otros turistas no fue tan rápido —respondo—. Pasaron varias semanas hasta que la policía descubrió la estafa. Tenemos tiempo para investigar.

—Si tú lo dices…

Mónica no parece muy convencida.

—Tienes que llevarle el teléfono a Mati enseguida —dice Teo levantándose de la mesa—. Ella sabrá qué hacer. Bueno, chicos, yo voy a ver esa serie de la tele que me tiene enganchado… Os dejo un rato.

Mónica está pelando una naranja. La veo muy pensativa.

Quiero demostrarle mi agradecimiento por la cena. Por eso, me levanto y me pongo a fregar los platos.

—¿Qué haces? —pregunta Mónica sorprendida.

—Fregar… Un invitado debe saber dar las gracias.

Ella sonríe y no dice nada.

Mientras friego los cubiertos y las tazas, empiezo a cantar una canción que he oído hace poco tiempo. Dice así:

Cuando crees que me ves, cruzo la pared,

hago chas y aparezco a tu lado.

Puedes ir tras de mí, pobrecita de ti.

No me puedes atrapar.

—La letra no dice «pobrecita», dice «pobrecito» —dice Mónica.

—No es verdad. La cantan unos chicos, y dice «pobrecita».

—Ah… Eso es porque tú has escuchado la versión del grupo Supersubmarina. Está muy bien. Pero la canción original no es de ellos, sino de otra artista, Christina Rosenvinge.

—La buscaré —contesto.

Me he distraído y he puesto una cuchara justo debajo del grifo. Me ha salpicado de agua toda la cara, hasta el pelo y las cejas. Mónica se ríe.

No me importa. Estoy contento porque he dejado todo muy limpio.

—La verdad es que tenemos lavaplatos —me dice Mónica entonces.

—¿Por qué no me lo has dicho antes? —le pregunto.

—Parecías tan contento fregando, que no he querido estropearte el momento —me contesta.

Nos miramos y nos reímos a la vez.

Cuando llego a mi apartamento son casi las doce. Mis compañeros de piso ya se han ido a dormir. Yo me acuesto enseguida. Estoy muerto de cansancio. Ha sido un día de muchas emociones…

Pero ¿qué ha pasado? Me he quedado dormido y he tenido una pesadilla rarísima.

Estaba con Mónica en el palacio de los Candados, como en la excursión. Se oía música de fondo, música de piano. De repente, empezaron a aparecer señores con barba, vestidos de negro con cuellos blancos, como los del cuadro *El entierro del*

conde de Orgaz. Todos llevaban el móvil en la mano. El techo también se llenaba de gente que flotaba en el aire. Entre esa gente estaba Mónica.

—¡Sube aquí, Bruno! —me decía.

—¡No puedo subir! ¡No tengo alas! —contestaba yo.

Entonces los hombres de negro me miraban y se reían de mí señalándome con el dedo.

—Mirad —decía uno—. ¡Se ha convertido en una mula!

De pronto el decorado cambiaba y estaba en mi apartamento, en el cuarto de baño. Me miraba al espejo y empezaba a gritar: ¡Era verdad, tenía cara de mula! Con sus orejas, su hocico*, su pelo marrón…

Me he despertado sudando. ¡Qué sueño tan desagradable!

No quiero convertirme en una mula. Mañana temprano iré a ver a Mati y le llevaré mi teléfono para comprobar que todo está bien.

49

1. Describe el cuadro *El entierro del conde de Orgaz* del Greco.

2. Busca cuáles son los ingredientes del dulce llamado mazapán.

3. Bruno canta la canción *¡Chas! Y aparezco a tu lado.* Escucha en YouTube la versión del grupo Supersubmarina y otra de Álex y Cristina. ¿Cuál te gusta más?

4. ¿Sobre qué personaje crees que habla la canción anterior? Marca la opción correcta.

a) Una persona bromista. ▪

b) Una persona con poderes mágicos. ▪

c) Una persona un poco loca. ▪

d) Un vampiro. ▪

5. En la canción se dice «pobrecito/a de ti», ¿qué quiere decir?

6. Explica el significado de estas palabras y escribe una oración con las dos palabras.

a) Callejón:

b) Enterrar:

7. ¿Sabes qué significa la expresión *estar en un callejón sin salida*?

8. ¿Cómo descubren Mónica y Bruno que el palacio de los Candados que han visitado es falso?

9. Para ti, ¿qué es lo más divertido del sueño de Bruno?

Capítulo 6

El palacio que nunca existió

Después de la pesadilla de anoche, lo primero que he hecho esta mañana ha sido llamar a Mati, para llevarle el móvil enseguida, pero Mati está fuera de Madrid. Se ha ido a Sevilla por otro caso de la Agencia Eñe. Su amiga de la policía tampoco trabaja este fin de semana. Tendré que esperar hasta el lunes para darles mi móvil. Y es domingo... Solo falta un día.

Pienso en apagar mi móvil para que nadie pueda utilizarlo como mula, porque creo que si está apagado no podrán cometer delitos con él, pero justo cuando voy a apagarlo suena el tono de llamada. Es Mónica.

—No he podido dormir en toda la noche —me dice—. He tenido unas pesadillas horribles.

—Yo también —contesto—. Soñé que me miraba en el espejo y tenía cara de mula.

Escucho la risa de Mónica a través del teléfono. ¡Me encanta cómo se ríe!

—He tenido una idea —dice—. Vamos otra vez a Toledo. Buscaremos ese palacio fantasma que nos enseñaron. Quizá así descubriremos dónde estuvimos realmente.

—Pero ¿no tienes que estudiar para los exámenes?

—No puedo concentrarme con este caso en la cabeza. Prefiero investigar. ¿Y tú?

Yo pensaba ensayar con mi grupo a mediodía, pero prefiero hacer otra excursión con Mónica, ¡por supuesto!

—Sí, yo también prefiero investigar —contesto—. Vamos a ver el palacio de los Candados otra vez.

Quedamos en la estación de Atocha, junto al estanque de las tortugas que hay en el invernadero. Nos gusta quedar allí porque nos recuerda otro caso de la Agencia Eñe, el de las tortugas ensangrentadas. ¡Fue todo un misterio! Y lo resolvimos muy bien.

Mónica ya está allí cuando yo llego.

—He ido a la agencia de viajes de la estación —dice.

—Pero hoy es domingo… ¿Estaba abierta? —pregunto sorprendido.

—Sí. La mayoría de las tiendas de la estación abren también en domingo. Intenté contratar otra vez el viaje «Toledo mágico», pero me dijeron que esa excursión solo la ofrecen los miércoles y los sábados.

—Ah… Entonces, buscaremos el palacio nosotros.

—Sí, eso he pensado yo. Por eso he sacado ya los billetes de tren para los dos. Salimos dentro de veinte minutos.

—¡Gracias! ¿Cuánto te debo? —pregunto.

Mónica sonríe.

—Nada. Tú me invitas a comer y ya está.

—¡Me parece bien!

Pasamos el control de billetes y subimos al tren. Enseguida encontramos nuestros asientos. El viaje desde Madrid a Toledo es muy corto, dura media hora. Todo el camino vamos hablando de música, de cine, de libros… A Mónica y a mí nos gustan las mismas cosas, pero no siempre estamos de acuerdo, claro. Hay películas que a mí me encantan y a ella no le gustan. Y también al contrario: hay libros, por ejemplo, que a Mónica le gustan mucho y a mí nada, pero incluso cuando discutimos sobre un libro o una película nos lo pasamos bien.

Cuando ya estamos en la plaza de Zocodover, pedimos un plano en la oficina de turismo para encontrar la calle de la Sal. Yo utilizo Google Maps y Mónica mira el plano. Hay muchísimas calles estrechas y nos perdemos un par de veces.

—¿Te has fijado? —pregunta Mónica—. Esta parte de la ciudad es un poco solitaria. Hay menos turistas que en el centro.

—Pero no está muy lejos de la sinagoga de Santa María la Blanca —contesto—. Mira, me parece que es por aquí.

Esta vez hemos acertado. A la entrada de un callejón sombrío leemos por fin: «calle de la Sal».

—¿Te acuerdas de por dónde estaba el palacio? —pregunta Mónica.

—No sé. Estaba a la mitad de la calle, creo.

Los dos hablamos en voz muy baja, no sé por qué.

Caminamos en silencio por la calle desierta. Todas las casas son de piedra y ladrillo* y parecen muy antiguas. Mónica se para delante de una casa que está medio en ruinas. Junto a la casa hay un jardín con una reja* de hierro.

—Es aquí, estoy segura —dice Mónica—. Ayer el jardín estaba abierto.

—¿Llamamos?

—Sí. Pero no veo ningún timbre.

No hay ninguno, pero sí hay un llamador de metal dorado. Tiene forma de cabeza de lagarto*... o de otro reptil.

Mónica agarra el llamador y lo golpea tres veces contra la puerta. En toda la calle suena el eco de los golpes. Esperamos. Nadie nos abre. Pasan los minutos y no viene nadie. Mónica va a llamar otra vez cuando oímos pasos en el jardín. Un momento después, aparece un hombre tras la vieja reja. Tiene la barba pelirroja.

—¿Qué queréis? —nos pregunta.

—Venimos a ver el palacio de los Candados —contesta Mónica—. Ayer estuvimos en la excursión «Toledo mágico» y nos gustó tanto que queremos repetir.

El hombre nos mira de arriba abajo.

—Vosotros no sois turistas —dice—. Sois de aquí.

—Yo soy italiano, pero estoy estudiando en Madrid.

Mónica me mira de reojo[9]. Me callo rápidamente. He dado demasiadas explicaciones.

—Os habéis equivocado, aquí no hay ningún palacio —dice el hombre pelirrojo—. Esto es un domicilio particular.

---

[9] *Me mira de reojo*: me mira con disimulo, dirigiendo la vista hacia un lado sin mover la cabeza.

—Eso es mentira —Mónica se acerca a la reja del jardín y le mira a los ojos—. Una mujer llamada Marta nos enseñó los sótanos. Había arcos de piedra. Los iluminaron con luces de colores. Sonaba la música...

El hombre mira a Mónica con expresión amenazadora*.

—Marchaos de aquí. Esta es mi casa y no quiero visitas. Aquí no vive ninguna Marta. Y no tengo ningún sótano. Fuera, fuera de aquí.

El hombre se aleja entre los árboles del jardín y entra en la casa. Mónica y yo nos miramos sin saber qué hacer.

—No podemos obligarle —digo.

—Pero sí podemos llamar a la policía y contarle qué pasa aquí. Hablarle del espectáculo que vimos ayer...

Mónica se calla de repente. La puerta de la casa se ha abierto. Sale otra vez el hombre de la barba pelirroja.

—Lo he pensado mejor —dice—. Si queréis ver el sótano, podéis pasar. Aunque esto no es el palacio de los Candados; solo es una casa normal y corriente.

—Sí, queremos verlo, muchas gracias —dice Mónica.

—Voy con vosotros —dice el hombre.

Este cambio de actitud me parece muy sospechoso. No confío nada en él.

El tipo nos deja pasar para bajar las escaleras delante de él. Mónica empieza a bajar. Yo voy detrás.

Cuando llegamos abajo, todo está oscuro. No se ve nada.

—¿Dónde se enciende la luz? —pregunta Mónica.

—Entra —le dice el hombre—. Se enciende en la pared de enfrente.

Su tono no me gusta. Es una trampa, estoy seguro.

Mónica entra en el sótano a oscuras. El hombre me mira con una sonrisa burlona y me pregunta.

—¿Qué pasa? ¿Tú no entras? ¿Te da miedo la oscuridad?

Entonces, me da un violento empujón y me caigo al suelo. Cuando me levanto, veo que ha empujado la puerta. Está intentando cerrarla con una llave.

Tiro de la puerta con todas mis fuerzas.

—¡Ayúdame, Mónica! ¡Quiere encerrarnos!

Mónica se acerca. La pantalla del móvil le sirve de linterna. Me ayuda a tirar de la puerta. El hombre intenta cerrar con llave.

—Si no abre ahora mismo llamo a la policía —dice Mónica—. Los dos tenemos teléfono.

Oímos al hombre correr al otro lado de la puerta. Afortunadamente, no ha conseguido cerrarla.

—Huye —dice Mónica—. Tiene miedo.

—Sí, pero no podemos quedarnos aquí. Quizá ha ido a buscar ayuda para encerrarnos.

—Tienes razón —dice Mónica—. ¡Tenemos que huir!

Subimos muy deprisa las escaleras y salimos de la casa. El pelirrojo se ha dejado la puerta de la calle abierta.

—No parece un delincuente profesional —dice Mónica—. Se ha asustado enseguida.

—Yo no estoy tan seguro —contesto.

Mónica señala el número de la casa.

—El siete de la calle de la Sal —dice—. Recuérdalo, Bruno. Mati se lo dirá a su amiga de la policía y ella investigará.

—Sí, pero ahora tenemos que alejarnos de aquí. Puede ser peligroso.

Corremos por las calles estrechas hasta llegar a la zona turística de la ciudad. ¡Nunca me he alegrado tanto de ver tanta gente y las tiendas abiertas!

—Buf. Lo hemos conseguido —digo—. Ya podemos estar tranquilos. ¿Buscamos un restaurante para comer?

—No, Bruno. Mejor volvemos a Madrid. Ya hemos descubierto lo que queríamos. Y el miedo me ha quitado el hambre, la verdad.

1. ¿Para qué vuelven a Toledo Mónica y Bruno en este capítulo?

2. Escribe qué es lo contrario de:

a) Una calle desierta:

b) Un edificio en ruinas:

c) Un callejón sombrío:

3. ¿Cómo es el llamador de la casa donde está el falso palacio de los Candados? Completa:

Está hecho de   y tiene forma de
                          .

4. Contesta estas preguntas.

a) ¿Qué intenta hacer el hombre pelirrojo cuando Mónica y Bruno entran en su casa?

b) ¿Lo consigue?

c) ¿Qué hace después?

5. ¿Tú crees que el hombre pelirrojo es un delincuente profesional?

6. Forma el infinitivo, el participio y el gerundio relacionados con el adjetivo *violento*.

a) Infinitivo:

b) Participio:

c) Gerundio:

7. Descompón las formas *recuérdalo* y *explícales* en verbo y pronombre.

a) Recuérdalo:

b) Explícales:

8. *El miedo me ha quitado el hambre.* ¿Sabes qué significa? ¿Se dice igual en tu idioma?

DESCUBRIENDO EL MISTERIO

- ¿Crees que el hombre de la barba pelirroja volverá a salir en la historia?

- ¿Qué piensas que va a pasar en el capítulo siguiente?

Capítulo 7

Teo se desespera

Llevo veinticuatro horas sin teléfono. ¡Qué extraño es! Ayer le di mi móvil a Mati y ella se lo ha dado a su amiga de la unidad de ciberdelitos. Si la aplicación de realidad aumentada del palacio de los Candados es una trampa, ellos lo descubrirán.

La verdad es que sin teléfono vivo bastante bien. No estoy todo el tiempo pendiente de Twitter, de Instagram o del WhatsApp… Yo siempre digo que no me importan las redes sociales, pero la verdad es que pierdo mucho tiempo con ellas. Me gusta mirarlas a menudo para ver si encuentro algo curioso o divertido y se lo mando a Mónica.

Lo peor de todo esto es no poder hablar con Mónica. Pero tengo que tranquilizarme. Mati me ha prometido que dentro de un día o dos me devolverán el teléfono. Y además, Mónica está muy ocupada estos días con los exámenes de la universidad. ¿Para qué iba a llamarla? ¿Para distraerla? Mejor no.

Hoy he tenido una clase de videocreación en el máster. He trabajado en equipo con Daniela y con otro chico que se llama Julen y es de Bilbao. Hemos hecho un montaje muy divertido con escenas de películas antiguas. Lo hemos pasado bien.

Al terminar la clase me voy a comer con Daniela. Hablamos de su amiga Sofía.

—Sigue en mi casa, pero ha cambiado mucho —me cuenta Daniela—. Casi no sale de casa. Todo le da miedo. Está triste, pasa mucho rato viendo la televisión. Todos los días habla más de una hora con su madre por videoconferencia. Creo que desea volver ya a Argentina.

—Toda esta historia es terrible —contesto.

Daniela me mira con curiosidad.

—¿Tú sabes algo? Me dijiste que estabas investigando, que una amiga tuya estaba...

—Estamos avanzando, pero no puedo decirte nada más —respondo—. Tú tranquila; yo creo que pronto atraparemos a los culpables.

—¿Y Sofía? ¿Cuándo la dejarán volver a Buenos Aires?

—Eso no lo sé, pero yo creo que pronto.

No lo digo solo para tranquilizar a Daniela. Es lo que pienso de verdad.

Después de comer nos vamos a tomar un café a una cafetería del barrio de Lavapiés. Allí el café está muy rico, pero me da dolor de estómago. La música que ponen en la cafetería me gusta. A Daniela también. Hablamos de nuestros grupos de música favoritos. Daniela no tiene prisa por marcharse, ni yo tampoco. Pedimos otro café y un trozo de tarta de zanahoria. Compartimos la tarta. Está deliciosa. Estoy sin móvil (y sin Mónica), pero estoy bastante bien.

Llego a casa a las ocho y media de la tarde. Subo en el ascensor y cuando abro la puerta en el sexto —mi piso— me encuentro con una sorpresa. ¡Teo, el abuelo de Mónica, está esperándome!

—¡Por Dios, Bruno! ¿Por qué no contestas las llamadas de teléfono? —me pregunta.

Estoy tan sorprendido que no sé qué responder.

—Yo… Yo no tengo teléfono hoy, se lo di a Mati —digo por fin—. Pero ¿qué pasa?

—A Mati tampoco la encuentro. Le he dejado ocho o nueve mensajes en su contestador, pero nada. ¿Dónde estáis todos cuando os necesito?

El nerviosismo de Teo me está asustando de verdad.

—Teo, por favor, tranquilo —digo—. ¿Le ha pasado algo a Mónica?

Teo me mira con unos ojos muy tristes.

—¿Qué… Qué le ha pasado? ¿Está en el hospital? Teo…

—No, no es eso. La policía ha detenido a Mónica.

Abro la boca por la sorpresa y durante unos segundos me olvido de cerrarla.

—No puede ser. ¿Han detenido a Mónica? Pero ¿por qué? Seguro que es un error.

—Es ese caso en el que estáis trabajando, Bruno. Por eso quería hablar contigo. La acusan de haber robado 200 000 euros de una cuenta bancaria desde su móvil.

—¿La han utilizado como «mula»? —grito—. ¿A ella?

—Pues sí, eso parece. Solo ha podido hacerme una llamada. La policía la está interrogando, pero no sé dónde está detenida.

Tengo un nudo en la garganta.[10]

—¿Pero estás seguro de que es la policía?

—Sí, sí. Yo mismo llamé a la policía y me confirmaron que Mónica estaba detenida acusada de robo. Mónica me ha pedido que os busque a ti y a Mati. ¿Qué hacemos, Bruno?

En ese momento suena el móvil de Teo. Contesta inmediatamente.

—¿Mati? Por fin... Sí, la tienen detenida —dice Teo angustiado*—. Sí, un robo de una cuenta.

Escucha en silencio mientras Mati habla.

—Bruno está conmigo —dice finalmente—. De acuerdo, vamos para allá.

Teo corta la llamada y me mira.

—Mati estaba ocupada escribiendo su nueva novela —explica—. Por eso tenía el teléfono en silencio y no ha oído mis llamadas.

—Pero, bueno, ¿sabe algo de Mónica? —pregunto lleno de impaciencia.

—Sí. La tienen en un centro que depende de la policía, en la calle Princesa. Mati va hacia allí en un taxi. Y yo también voy, por supuesto.

—¿Puedo acompañarte, Teo?

---

[10] *Tengo un nudo en la garganta*: siento mucho miedo, preocupación, tristeza.

—Claro, Bruno. Abajo tengo el coche. Ella se alegrará de verte, si conseguimos que la dejen en libertad.

Bajamos juntos en el ascensor. No hablamos, el silencio casi se puede cortar con un cuchillo. Oigo los latidos de mi propio corazón.

Después de casi media hora, llegamos a la zona de Princesa. El problema viene cuando intentamos aparcar: es imposible, no encontramos ningún sitio libre. Al final tenemos que ir a un aparcamiento privado en la Plaza de España. Cuando llegamos a las oficinas de la policía son casi las diez. No tenemos que subir. En la acera, junto a la puerta, ya nos están esperando Mónica y Mati. Veo a Mónica muy pálida, pero tranquila.

Teo la abraza con fuerza. Tiene los ojos llenos de lágrimas. Mónica intenta tranquilizarlo.

—Tranquilo, tranquilo, abuelo. Estoy bien, de verdad.

—¿Te han tratado bien? ¿Te han dado de comer? ¿Ha sido un interrogatorio muy duro?

Teo tiene tantas preguntas que casi se queda sin aire.

—Me han tratado bien, abuelo. Me han hecho miles de preguntas, es verdad. Primero una policía, luego otro compañero suyo... Me han dado de comer, sí. *Pizza* y un refresco. Después volvieron las preguntas. Y luego me encerraron en una celda*, hasta que llegó Mati.

Teo abraza también a Mati, que parece un poco sorprendida.

—¡Gracias! ¡Gracias! ¡Gracias! —repite el abuelo de Mónica sin parar—. ¡Has salvado a mi nieta!

—Solo he hecho lo que debía —contesta Mati—. Mónica ha estado detenida porque estamos investigando el caso de los ciberdelitos.

—Pero ¿cómo? —pregunto—. Ella no se descargó la aplicación de realidad aumentada. Yo sí. La mula tenía que ser yo, no ella. ¿Por qué ha sido al revés?

Mati me mira muy seria.

—No lo sé, Bruno. Eso es lo que tenemos que averiguar.

1. ¿Con quién va a comer Bruno en este capítulo? ¿Adónde van después de comer?

2. ¿Quién le está esperando a la entrada de su casa?

3. ¿Qué le ha pasado a Mónica?

4. ¿Por qué Bruno se sorprende de que Mónica esté detenido en lugar de él?

5. Bruno dice que sin teléfono vive bastante bien.

a) ¿Tú podrías vivir sin teléfono mucho tiempo? ¿Qué ventajas e inconvenientes tiene el teléfono móvil?

b) De las redes sociales que se mencionan en el capítulo, ¿cuál es tu preferida? ¿Por qué?

6. Sustituye las palabras en negrita en este fragmento por palabras o expresiones sinónimas.

Después de **casi** media hora llegamos a la zona de Princesa. El problema viene cuando **intentamos** aparcar: es imposible, no **encontramos** ningún sitio libre. Al final **tenemos que** ir a un aparcamiento privado en la Plaza de España.

7. Transforma el siguiente texto en pasado.

Después de comer nos vamos a tomar un café a una cafetería del barrio de Lavapiés. [...] La música que ponen en la cafetería me gusta. A Daniela también. Hablamos de nuestros grupos de música favoritos. Daniela no tiene prisa por marcharse, ni yo tampoco.

Capítulo 8

Mati entra en escena

—Entonces, ¿la aplicación de realidad aumentada estaba limpia? —le pregunto a Mati por tercera vez—. ¿No tiene nada raro?

—No. La aplicación no se utiliza para convertir los teléfonos en mulas —me contesta ella—. Tiene que ser otra cosa. Están usando el móvil de Mónica, pero ella no se descargó la aplicación.

—No comprendo cómo ha podido pasar —murmura Mónica.

Estamos otra vez en la estación de Atocha. El tren a Toledo que va a tomar Mati va a salir dentro de cinco minutos. Ha contratado la excursión de «Toledo mágico». Mónica y yo no la acompañamos. La guía, Marta, puede reconocernos y sospechar de nosotros. ¿Para qué van a repetir dos turistas la misma excursión? Y además, el pelirrojo del palacio «fantasma» no debe vernos de nuevo por ahí.

El plan es el siguiente: Mati participa en la excursión como una turista normal y corriente e intentará descubrir el misterio de ese palacio. Mónica y yo iremos a Toledo en coche con Teo. Estaremos preparados en caso de que Mati nos necesite. Para la misión, Mati se ha puesto una peluca* negra que tapa su cabello corto y claro. Está muy graciosa con su nuevo aspecto.

—No soy famosa, pero prefiero disfrazarme —nos dice.

—Pues te queda muy bien el pelo oscuro —comenta Teo—. Aunque también te queda bien el pelo claro, por supuesto.

Mati sonríe.

—Eres muy amable, Teo. A ti también te queda muy bien ese abrigo que llevas. Bueno, tengo que irme. Si todo va bien, nos vemos a la vuelta. Si os necesito, nos vemos en Toledo.

—Promete que llamarás si descubres algo raro —dice Mónica.

—Sí, no os preocupéis. Lo primero que debe aprender un buen investigador es esto: pide ayuda si la necesitas. Y eso haré.

Dejamos a Mati en el control de billetes de la estación y nos vamos al aparcamiento. El coche de Teo no es el más rápido del mundo, pero Toledo no está lejos. Y hoy, miércoles por la mañana, no hay mucho tráfico. Durante el viaje escuchamos canciones de Vetusta Morla. A Mónica y a mí nos encanta este grupo, sobre todo, desde que resolvimos el caso de las tortugas ensangrentadas gracias a una de sus canciones.

En Toledo, Teo deja el coche en un aparcamiento que hay a la entrada de la ciudad. Él nos esperará cerca del coche; así, en caso de necesidad, nos podrá ir a buscar rápidamente. Mónica y yo vamos paseando hasta el centro histórico. Caminamos por las calles estrechas de la ciudad y, a veces, nos paramos a mirar alguna casa, una iglesia, un rincón bonito… Hablamos poco. Los dos estamos nerviosos y distraídos. Mónica no tiene su teléfono. Ahora está en manos de la policía. Yo sí he recuperado el mío. Lo miro a menudo para comprobar si hay novedades de Mati. Hacia mediodía me llega un wasap de ella.

—Todo bien —dice—. Vamos al restaurante. No he visto nada raro.

—Vamos a comer nosotros también —dice Mónica—. Algo rápido. Mati nos puede necesitar en cualquier momento.

Nos metemos en un bar de raciones. Pedimos cerveza, unas patatas bravas, unos calamares a la romana y una ensalada mixta. Pruebo una patata y me quemo la lengua. Doy un grito. Tengo que beber media cerveza de un trago para refrescarme. Mónica me mira preocupada. No se ríe, ve que lo estoy pasando mal. Es una buena amiga. Durante la comida nos relajamos y charlamos un poco de todo: de mi grupo de música, de los exámenes de Mónica, del máster... Casi se nos olvida que estamos investigando un caso.

Mientras tomamos el café, suena el móvil, pero no me da tiempo a contestar. Después de sonar dos veces, la llamada termina.

Miro la pantalla del teléfono.

—Era Mati —digo—. ¡Qué raro! Ha colgado y no he podido contestar.

—Llama tú, hay que saber qué pasa —me dice Mónica.

Llamo a Mati, pero no contesta. Nos miramos preocupados.

—Tengo una idea —dice Mónica—. ¿Por qué no nos acercamos a la calle de la Sal? Son ya casi las cuatro y media. Los turistas de la excursión «Toledo mágico» irán ahora al palacio fantasma.

—¿Ya son las cuatro y media? ¡Qué rápido pasa el tiempo!

Pedimos la cuenta, pagamos y salimos del bar. Después de un cuarto de hora, encontramos por fin la calle. Nos asomamos* a mirar. Mónica me sujeta y me echa para atrás enseguida.

—Están entrando justo ahora los turistas, ¿los has visto? —pregunta—. He visto a Mati.

Es la casa del pelirrojo. No nos equivocamos el otro día Esperamos un rato y volvemos a mirar. La calle está vacía.

—También estaba Marta junto a la puerta —dice Mónica.

—¿Nos ha visto ella a nosotros? Espero que no.

—No lo sé, Bruno. Yo creo que no.

—¿Cuánto duró la visita el otro día?

—Más de media hora —contesta Mónica—. ¿Qué hacemos? ¿Esperamos?

—Sí, es lo mejor.

Nos quedamos los dos quietos en la esquina entre la calle de la Sal y la calle de la Plata, que es más ancha. Se ve demasiado que estamos espiando.

—Tenemos que hacer algo para disimular* —dice Mónica—. No es normal que dos personas estén paradas media hora en una esquina sin hacer nada.

—Podemos besarnos —digo sin pensar—. Nadie sospecha de los enamorados.

Mónica me mira directamente a los ojos. Me pongo rojo como un tomate.

—Lo siento —añado en voz baja—. Lo he dicho sin pensar.

—No es eso, Bruno —murmura Mónica sin dejar de mirarme intensamente.

—Entonces, ¿qué es?

—No quiero que nuestro primer beso sea de mentira —dice con energía—. No me gusta la idea.

—No… ¿Por qué va a ser de mentira?

—Ya. Ya lo sé. Para mí tampoco —dice Mónica—. Precisamente por eso no quiero un beso de mentira. Estamos en una misión. Debemos concentrarnos.

Nos callamos los dos y vigilamos el callejón. Estamos muy quietos. Parecemos dos estatuas. Intento borrar la sonrisa de mi cara, pero no puedo.

¿De verdad ha dicho eso Mónica? Ha dicho: «No quiero un beso de mentira». Está claro que siente algo por mí. Estoy sudando de emoción. O de nervios. O quizá porque estamos al sol y llevo una chaqueta muy gruesa, pero no importa. ¡Mónica quiere que nos besemos! ¡Y quiere un beso de verdad! Es maravilloso. Casi no lo puedo creer. Estoy casi flotando. Estoy en las nubes, pero Mónica me hace bajar de las nubes cuando me agarra bruscamente del brazo.

—Ahí están —dice en voz baja—. Ya salen.

Medio escondidos detrás de una casa, miramos a los turistas que salen del palacio fantasma. Son los mismos que entraron un rato antes, pero falta alguien. Falta Mati. Mati ya no está con ellos.

1. Contesta a estas preguntas.

a) ¿Qué medio de transporte utiliza Mati en este capítulo?

b) ¿Qué medio de transporte utilizan Bruno y Mónica?

c) ¿Qué piden Bruno y Mónica para comer?

d) Busca las recetas de estos platos en internet. ¿Cuál te gustaría preparar?

e) ¿Has probado alguno de estos platos? ¿Cuál te gusta más? Si no los has probado, ¿cuál te gustaría probar?

2. ¿Qué idea tiene Bruno para disimular mientras vigila con Mónica el palacio fantasma? ¿Por qué a Mónica no le gusta esa idea?

3. ¿Qué significa la expresión *estar en las nubes*? Escribe una oración con ella.

¿Sabías que?

TOLEDO, UNA CIUDAD CON HISTORIA

Toledo es una ciudad pequeña, pero con mucha historia. Fue una localidad importante en tiempos de los romanos. Los visigodos (invasores bárbaros que se establecieron en la península Ibérica tras la caída del Imperio romano) la convirtieron en su capital. En el año 711 d. C., los musulmanes conquistaron la ciudad. El rey Alfonso VI la recuperó en 1085.

Durante los siglos XII y XIII Toledo fue una ciudad multicultural donde convivían cristianos, musulmanes y judíos. Esa convivencia dio como resultado un periodo de gran esplendor cultural. Fue la época de la Escuela de Traductores de Toledo, que permitió traducir muchas obras del árabe o del hebreo al latín.

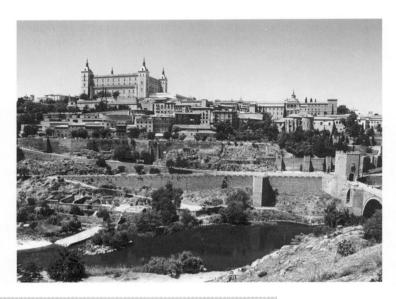

Capítulo 9

Al final de la escalera

Los turistas se alejan por la calle de la Sal hasta el otro extremo, donde espera el minibús. Marta, la guía, está con ellos. Cuando ya se va el minibús, corremos hacia el palacio fantasma. Nos encontramos la casa cerrada y con el mismo aspecto que en nuestra última visita. Nos miramos sin saber qué hacer.

—Llama —dice Mónica—. Y déjame tu teléfono. Voy a mandarle un wasap a mi abuelo para explicarle lo que pasa.

Mientras golpeo la puerta con el llamador, Mónica le deja un mensaje grabado a su abuelo. El eco de los golpes se oye dentro de la casa. Nadie viene a abrir. Mónica me devuelve el teléfono. Vuelvo a llamar, esta vez con más fuerza. Golpeo la puerta seis veces. Entonces se oyen unos pasos rápidos al otro lado y la puerta se abre de repente. Sin darme tiempo a reaccionar, un brazo me agarra y me mete dentro de la casa. A Mónica le pasa lo mismo. La puerta se cierra ruidosamente. Delante de ella está el hombre pelirrojo. Nos apunta con una pistola.

—La otra vez tuvisteis suerte —dice—. ¿Por qué habéis vuelto? No queríamos complicaciones. Lo habéis estropeado todo.

—¿Dónde está…?

Mónica no me deja terminar la frase. Me tapa la boca con la mano. El hombre de la barba pelirroja se sonríe.

—¿Vuestra amiga? Sabíamos que estabais juntos —contesta—. No es ninguna sorpresa. Lo descubrió Marta.

—¿Ella es vuestra jefa? —pregunta Mónica.

El hombre la mira fijamente con sus ojos grises.

—Aquí las preguntas las hago yo. Venid conmigo. En silencio. No quiero problemas.

Bajamos delante de él por las escaleras que llevan al sótano. El hombre sigue apuntándonos con su pistola.

Abajo nos encontramos de nuevo en el palacio fantasma. Una luz verde ilumina los arcos de piedra y suena una música misteriosa. No vemos a nadie.

—A la derecha, hasta el fondo —ordena el hombre—. ¡Vamos, caminad!

Hacemos lo que nos dice y llegamos a otras escaleras. Son muy estrechas y oscuras.

—Bajad —ordena el pelirrojo.

Obedecemos. Las escaleras me parecen larguísimas. Abajo vemos una luz débil. Hay una bombilla colgada del techo de ladrillo. Las paredes están húmedas. Vemos una puerta de hierro. El pelirrojo saca unas llaves del bolsillo y abre la puerta.

—Te traigo compañía —dice mientras nos empuja al interior de la mazmorra*—. Así no estarás sola.

Dentro está muy oscuro y no veo nada, pero sí oigo un ruido seco. Y después otro. Y otro. ¿Son imaginaciones mías o es una pelea?

Saco el teléfono del bolsillo y lo pongo en modo linterna. Entonces veo lo que está pasando. Mati ha atacado al pelirrojo. Está usando golpes de kárate. Con un golpe hace saltar su pistola por los aires. Con otro, el tipo se dobla hacia delante y entonces, con un rápido movimiento, lo agarra del cuello por detrás y lo tira al suelo. ¡Lo ha dejado inconsciente*!

—Rápido —dice Mati—. Tenemos que irnos ya.

Subimos muy deprisa las escaleras. Cuando llegamos al sótano iluminado de verde oímos voces arriba. ¿Hay más gente en la casa? Quizá es Marta, la guía. Pero reconozco una de las voces. Es Teo. Cuando llegamos a la entrada de la casa, vemos la puerta abierta. Teo no está solo. Hay cuatro policías con él. Detrás, en el pasillo, vemos a otros dos policías. Se llevan detenidos a un hombre y una mujer de mediana edad.

—Solo falta la guía, Marta —dice una de las policías—. Así tendremos a toda la banda[11]. —¡Luz, qué bien verte! —exclama Mati sonriendo—. El pelirrojo está abajo, descansando. Tuve que atacarlo. Tenía una pistola y era un tipo peligroso.

—No te preocupes —contesta Luz.

Luz es la amiga policía de Mati y está en la unidad de ciberdelitos. Su investigación demostró que los móviles de los turistas «se infectaban»* cuando se conectaban a la red wifi del palacio fantasma. Investigaron quién era el propietario de aquella casa de la calle de la Sal. Tenían todo preparado para intervenir si hacía falta.

—Abuelo, ¿y tú cómo has llegado tan deprisa? —le pregunta Mónica a Teo.

---

[11] *Banda*: aquí, grupo de gente que se une para cometer delitos.

—Estaba muy nervioso allí en el coche, sin hacer nada. Decidí dar un paseo para tranquilizarme. Recordaba el nombre de la calle: calle de la Sal. Pregunté en una tienda de recuerdos y me indicaron la dirección. Llegué hace un momento.

La policía nos invita amablemente a salir. Luz le da dos besos y un abrazo a Mati para despedirse.

—Muchas gracias, Mati —le dice la policía—. Gracias a tu ayuda, hemos detenido a esta banda.

—Hoy por ti, mañana por mí —contesta Mati.

En la pelea se le ha caído la peluca morena, pero su pelo claro no está despeinado. Parece tan elegante y tranquila como siempre.

Ya en la calle, me atrevo a preguntar.

—¿Qué es eso de «hoy por ti, mañana por mí»?

—Quiere decir que hoy te ayudo yo, pero quizá mañana tú tendrás que ayudarme a mí —explica Mati—. Todos podemos necesitar ayuda en algún momento.

—¡Tenías que ver a Mati ahí abajo, abuelo! —dice Mónica con admiración—. Un golpe de kárate y ¡zas! Le quita la pistola al tipo en un segundo. Otro golpe y ¡zas! Lo deja confuso. Luego lo agarra y ¡zas! Lo tira al suelo. ¡Ha sido de película![12] .

Todos se ríen.

—Estás exagerando, Mónica. Es kárate elemental —contesta—. Pensé en utilizar un par de movimientos de taekwondo, pero no fue necesario. El tipo no estaba muy ágil*. Era fuerte, pero se movía mal.

---

[12] *¡Ha sido de película!*: Ha sido muy bueno, fantástico.

Teo mira a Mati con sorpresa.

—¿Has vencido a un delincuente armado tú sola? Mati, eres un pozo de sorpresas...

A Mati se le escapa una carcajada.

—¡Ay, Teo! ¡No lo dudes!

1. ¿Qué ocurre cuando Bruno llama a la puerta del palacio fantasma?

2. ¿Qué hace Mati para enfrentarse a sus secuestradores? ¿Te ha sorprendido su reacción? ¿Por qué?

3. ¿Cómo se llama la amiga policía de Mati?

4. ¿Cómo se infectaban los teléfonos de los turistas en el palacio fantasma?

5. ¿Qué precauciones tomas cuando te conectas a una red wifi pública?

6. De las siguientes palabras, subraya las que describen los sentimientos de Teo hacia Mati.

Envidia

Compasión

Admiración

Desconfianza

Pasión

Celos

7. La palabra *banda* aparece en este capítulo referida a un grupo de delincuentes. Averigua otros dos significados de la palabra y escribe un ejemplo con cada uno.

8. En español llamamos *banda sonora* a la música de una película. ¿Qué banda sonora crees que es la más adecuada para la historia del palacio fantasma?

9. ¿Qué quiere decir el refrán *Hoy por ti, mañana por mí*? Inventa una situación en la que se pueda aplicar este refrán.

Capítulo 10

Un beso con banda sonora

No me lo puedo creer: ¡Estoy en Alicante con Mónica! Y con Daniela, claro. Ella es quien nos ha invitado. Su amiga Sofía volvió a Buenos Aires la semana pasada. Hay cinco detenidos por los ciberdelitos. Parece ser que Marta, la guía, era el cerebro de la operación. Es ingeniera informática. La red wifi del falso palacio de los Candados estaba diseñada para introducir *software* maligno* en los móviles de algunos turistas. Luego, utilizaban ese *software* para realizar estafas y robos en internet. Nadie relacionaba los delitos, porque los turistas-mula volvían a sus países, pero la banda del palacio fantasma cometió un error: casi todos sus robos iban contra personas o empresas españolas y esa fue la primera pista para la policía. Lo hacían así porque el pelirrojo trabajaba en un banco y tenía los datos de las cuentas corrientes de muchas personas en España. Así sabían a quién robar. Elegían como víctimas a personas ancianas o enfermas con bastante dinero ahorrado. ¡Pobre gente! Espero que ahora puedan recuperar su dinero.

Al principio pensé que Mónica no iba a aceptar la invitación de Daniela, pero dijo que sí. Parece que ya le gusta más.

Hoy es veintitrés de junio. Mónica ya ha terminado los exámenes de la universidad. Todavía no le han dado las notas, pero se la ve más relajada. Estamos sentados en el jardín de la casa de Daniela, que tiene vistas a la playa de San Juan. Sus padres se han ido de vacaciones y nos han dejado la casa para nosotros solos. Daniela ha invitado a cenar también a otros amigos. Entre todos hemos preparado *pizza* casera y ensalada. Hemos cenado en el jardín, a la luz de las velas. Olía a jazmín*. Me lo dijo Mónica, y me señaló unas pequeñas flores blancas que subían por la pared de la casa.

Ahora, algunos amigos de Daniela han entrado en la casa. Otros se preparan para ir a bañarse al mar.

—Nunca me he bañado en el mar de noche —dice Mónica con ojos soñadores—. ¡Puede ser divertido!

Desde aquí vemos la playa. Alguien ha encendido una hoguera* en ella. El día de las hogueras grandes de la Noche de San Juan es mañana. Se trata de una fiesta bastante curiosa. Cada barrio construye la escultura de una hoguera. Luego,

en la noche del 24 de junio, queman la escultura. Es una tradición que viene de tiempos muy antiguos, cuando los campesinos festejaban la llegada del verano encendiendo hogueras.

Daniela abre la puerta de la cocina y nos llega una música muy especial: es la canción 23 de junio de Vetusta Morla. Trata sobre esta fiesta, precisamente.

Empieza así:

Antes del frío, levanta las velas*.

Guarda en tu falda los granos de arroz.

Y haz ceremonias de luna llena.

Antes del frío, lánzamelos.

Me acerco a Mónica.

—¿Bailamos? —le pregunto.

Ella empieza a reír.

—¿Ahora? Estás loco, Bruno.

Pero apoya un brazo en mi hombro y me coge la otra mano. Empezamos a bailar un vals, porque esta canción tiene ritmo de vals.

—¡Vaya! No lo haces nada mal —dice Mónica sorprendida.

Ahora me río yo.

—Soy músico. Llevo el ritmo en la sangre. ¿Qué creías?

Seguimos bailando un rato en silencio. Hasta que de repente nos paramos. Miro a Mónica a los ojos.

—¿Crees que este puede ser un buen momento para un beso de verdad? —le pregunto.

Ella no me responde, ella me besa. Bueno, nos besamos. Nos besamos como en las películas. Es un beso muy largo y muy romántico.

La música de Vetusta Morla sigue sonando. Nos separamos por fin, pero seguimos mirándonos.

—No nos arrepentiremos de esto, ¿verdad, Bruno? —pregunta Mónica en voz baja.

—No, Mónica. Claro que no.

-FIN-

1. ¿Por qué está en Alicante Bruno con Mónica?

2. ¿Qué fiesta se celebra en Alicante esos días? ¿En qué fecha exactamente?

3. Escucha la canción *23 de junio* de Vetusta Morla en Youtube y apunta aquí el estribillo (la parte de la canción que se repite).

4. Indica un sinónimo de *ribera*.

5. Busca información sobre la fiesta de la Noche de San Juan en Alicante y sobre la fiesta de las Fallas en Valencia, otra ciudad española. Compara la información.

a) Las dos fiestas se parecen en:

b) Las dos fiestas se diferencian en:

6. ¿Cómo calificarías el final de la historia? Subraya la palabra adecuada.

Divertido

Romántico

Inquietante

Sorprendente

Impredecible

7. Sustituye el complemento directo por el pronombre personal en estas oraciones.

a) Bruno apoya el brazo en mi hombro.

b) Bruno besa a Mónica

c) Quema la escultura en la hoguera.

8. Relaciona cada termino con su contrario.

Preso   Derribar
Llena   Apaga
Construir   Libre
Enciende   Vacía

9. Reescribe el final de la historia entre Mónica y Bruno de una manera distinta.

SOLUCIONES

CAPÍTULO 1

1. a) Una compañera de estudios de Bruno en el máster de creación audiovisual. Porque la policía ha detenido a su amiga Sofía.
b) Se encuentra detenida.
c) Parece que no, porque dice que tiene muchos humos.
2. a) Pondría la mano en el fuego por María.
b) Julián tiene muchos humos.
c) Estoy en ascuas por saber qué ha pasado.
3. Comunidad Autónoma: Comunidad Valenciana
Número de habitantes: 330 000 aproximadamente.
Mar más próximo: Mediterráneo.
Lugares de interés
Posibles respuestas
El puerto, castillo de Santa Bárbara, playa del Postiguet.
4. a) alicantino/a.
b) el valenciano.
5. Bruno se dedica a la música. Bruno es músico.
Sofía se dedica a la danza. Sofía es bailarina.
Mati da clases de escritura creativa. Mati es profesora / escritora.
6. Carlos: argentino; Antonio: español.

CAPÍTULO 2

1. En el barrio de Lavapiés.
Posibles respuestas
Barrio de Salamanca, barrio de Las Letras, barrio de Chamberí.
2. Que sus teléfonos se usan sin su conocimiento para cometer ciberdelitos.
3. En el Museo del Prado de Madrid.
4. Posibles respuestas
a) Te has puesto morado comiendo salchichas. ¡Te has comido 15!
b) Mario es una persona muy falsa. Te sonríe pero después te pone verde delante de todos.
5. a) Estuvieron / estaban en el mismo hotel.
b) Mónica sonrió / sonreía.
c) Mastiqué / masticaba mi tercera empanadilla.

d) Los cinco casos fueron / eran iguales.
6. Es un delito que se comete a través de internet y que tiene que ver con las tecnologías digitales.

Descubriendo el misterio
Respuesta libre.

CAPÍTULO 3

1. En el parque del Retiro de Madrid.
2. Que los cinco turistas han visitado Toledo.
3. Unas tijeras doradas con adornos negros.
4. Se llamaba ««Toledo mágico»». Le costó 200 euros.
5. **Posible respuesta**
   Los cigarrales son grandes casas de campo situadas en la orilla sur del río Tajo a su paso por la ciudad de Toledo. Su función principal era ser residencia de vacaciones. Su origen es de mediados del siglo xv. En el siglo xvii se dedican a la plantación de árboles frutales.
6. **Posibles respuestas**
   - Está prohibido fumar cigarros dentro del edificio.
   - En verano, me gusta dormir la siesta escuchando el sonido de las cigarras en el campo.
   - Nunca he visitado un cigarral.
7. Porque en Argentina se usa el pronombre *vos* en lugar de *tú*. Ese fenómeno se llama voseo. Esto afecta también a las formas verbales, como es el caso de *sos* en lugar de *eres* y *perdoná* en lugar de *perdona*.
8. a) durazno; b) pollera; c) pileta; d) subte; e) colectivo; f) remera; g) corpiño; h) mozo.

CAPÍTULO 4

1. a) Se construyó en el año 1180.
   b) Fue transformada en iglesia en el año 1391.
   c) Es un edificio de estilo mudéjar.
   d) Tiene arcos de herradura.

2. Quiere decir «atreverse», «mostrar valentía».
Posible respuesta
Juan se ha armado de valor y ha decidido volar este verano a Nueva York.

3. Porque no le queda suficiente memoria en su teléfono.

4. Hércules construye un palacio mágico en Toledo donde encierra todos los males que pueden destruir España. Dentro encierra grandes riquezas. Cada rey del territorio añade un candado a su puerta. Pero el rey visigodo Rodrigo quiere las riquezas del palacio, rompe los candados y entra en él. Eso provoca la invasión árabe de la península Ibérica.

5. Florinda La Cava era hija de un noble de Toledo. Un día fue a bañarse al río Tajo y el rey Rodrigo la vio y la violó. Ese delito provocó un castigo: el desastre de la batalla de Guadalete y el fin del reino visigodo por la invasión musulmana. En Toledo circula la leyenda de que el fantasma de La Cava todavía se puede ver en noches de luna llena.

6. inclinadas, estrechas.

Descubriendo el misterio
Respuesta libre.

CAPÍTULO 5

1. Respuesta libre.

2. Almendras, azúcar y huevo.

3. Respuesta libre.

4. b) Una persona con poderes mágicos.

5. Me das pena, lástima.

6. a) Callejón: calle muy estrecha.
b) Enterrar: poner bajo tierra.

7. Situación o cuestión de difícil solución.

8. Teo, el abuelo de Mónica, les explica que las Cuevas de Hércules se encuentran realmente en el callejón de San Ginés y no en la calle de la Sal.

9. Respuesta libre.

CAPÍTULO 6

1. Para descubrir qué hay realmente en el falso palacio de los Candados.
2. a) Una calle desierta: una calle llena de gente.
  b) Un edificio en ruinas: un edificio nuevo.
  c) Un callejón sombrío: un callejón luminoso.
3. Está hecho de metal dorado y tiene forma de lagarto o de otro reptil.
4. a) Intenta encerrarlos.
  b) No.
  c) Huye.
5. Respuesta libre.
6. a) violentar; b) violentado; c) violentando.
7. a) *Recuerda* (imperativo) + *lo* (pronombre personal de complemento directo).
  b) *Explica* (imperativo) + *les* (pronombre personal de complemento indirecto).
8. La expresión significa que ya no tengo hambre porque el miedo me ha dejado sin apetito.
Respuesta libre.

Descubriendo el misterio
Respuesta libre.

CAPÍTULO 7

1. Con Daniela. Van a tomar café y tarta de zanahoria en una cafetería del barrio de Lavapiés.
2. Teo.
3. La policía la ha detenido.
4. Porque Mónica no se descargó la aplicación de realidad aumentada, y él sí.
5. Respuesta libre.
6. Después de <u>aproximadamente</u> media hora llegamos a la zona de Princesa. El problema viene cuando <u>tratamos de</u> aparcar: es

imposible, no <u>hallamos</u> ningún sitio libre. Al final <u>debemos</u> ir a un aparcamiento privado en la Plaza de España.

7. Después de comer nos **fuimos** a tomar un café a una cafetería del barrio de Lavapiés. [...] La música que **ponían** en la cafetería me **gustaba**. A Daniela también. **Hablábamos / Hablamos** de nuestros grupos de música favoritos. Daniela no **tenía** prisa por marcharse, ni yo tampoco.

CAPÍTULO 8

1. a) El tren.
   b) El coche de Teo.
   c) Patatas bravas, calamares a la romana y una ensalada mixta.
   d) Respuesta libre.
   e) Respuesta libre.
2. Su idea es darse un beso para disimular.
   Porque quiere un beso de verdad, no de mentira.
3. Estar distraído, despistado, no estar atento.
   Posible respuesta
   Mario nunca aprueba porque en clase siempre está en las nubes y no escucha las explicaciones del profesor.

CAPÍTULO 9

1. El hombre pelirrojo abre la puerta, los amenaza con una pistola y los obliga a entrar en la casa.
2. Ataca al pelirrojo con patadas y golpes de kárate.
3. Luz.
4. A través de la red wifi del edificio.
5. Respuesta libre.
6. Admiración.
7. Posibles respuestas
   Banda: grupo de música.
   Coldplay es una banda británica muy buena.
   Banda: Grupo de jóvenes que suelen ir juntos y que comparten gustos y aficiones.

En este barrio hay muchas bandas juveniles. Algunas son bastante peligrosas.

8. Respuesta libre.

9. Quiere decir que, antes o después, todos necesitamos ayuda, así que está bien ayudar a los demás, porque nunca sabemos cuándo vamos a necesitar la ayuda de otros.

Posible respuesta

El año pasado me rompí un hueso del brazo y mi vecina me ayudó en las tareas domésticas. Este año ella está embarazada. Ahora está en el último mes de embarazo y yo la ayudo a hacer la compra, porque ella no puede cargar mucho peso. Por eso, le digo: *Hoy por ti, mañana por mí.*

CAPÍTULO 10

1. Porque los ha invitado Daniela a su casa, en agradecimiento por su ayuda a Sofía con el problema del móvil.

2. La Noche de San Juan. La noche entre el 23 y 24 de junio.

3. Deja el equipaje en la ribera
para verte como quieres que te vea,
deja el equipaje en la ribera
y quémalo.

4. Orilla.

5. a) Las dos fiestas se parecen en: Se queman esculturas, se hacen espectáculos de pólvora (mascletás).
b) Las dos fiestas se diferencian en: La fecha, porque las Fallas son el 19 de marzo y la Noche de San Juan se celebra el 24 de junio.

6. Romántico.

7. a) Bruno lo apoya en mi hombro. b) Bruno la besa. c) Quémala en la hoguera.

8. Preso / Libre;
Llena / Vacía;
Construir / Derribar;
Enciende / apaga

9. Respuesta libre.

GLOSARIO

GLOSARIO

ESPAÑOL	INGLÉS	FRANCÉS
Adorno	Decoration	Décoration
Ágil	Agile	Agile
Agricultura	Agriculture	Agriculture
Alergia	Allergy	Allergie
Amenazador/a	Threatening	Menaçant/e
Angustiado/a	Anxious	Angoissé/e
Asomarse a	To peer out	Regarder par
Brasa	Ember	Braise
Burlarse de	To make fun of	Se moquer de
Candado	Padlock	Cadenas
Celda	Cell	Cellule
Cigarra	Cicada	Cigale
Cueva	Cave	Grotte
Delincuente	Criminal	Délinquant
Descargar	To download	Télécharger
Disimular	To pretend	Dissimuler
Estafar	To swindle	Escroquer
Fianza	Bail	Caution
Hinchado/a	Swollen	Enflé/e
Hocico	Snout	Museau
Hoguera	Bonfire	Feu de joie
Inconsciente	Unconscious	Inconscient
Infectarse	To catch (a disease)	Attraper (une maladie)
Infierno	Hell	Enfer
Jade	Jade	Jade
Jazmín	Jasmine	Jasmin
Ladrillo	Brick	Brique
Lagarto	Lizard	Lézard
Llevarse bien con	To get along with	S'entendre bien avec
Maligno/a	Malicious	Malveillant
Manipular	To manipulate	Manipuler
Mazmorra	Dungeon	Oubliettes
Murmurar	To mutter	Murmurer
Noble	Noble	Noble
Peluca	Wig	Perruque
Recuerdos	Souvenirs	Souvenirs
Reja	Bars	Barreaux
Sótano	Basement	Sous-sol
Talento	Talent	Talent
Vela	Sail	Voile

ITALIANO	ALEMÁN	PORTUGUÉS
Ornamento	Verzierung	Enfeite
Agile	agil, wendig	Ágil
Agricoltura	Landwirtschaft	Agricultura
Allergia	Allergie	Alergia
Minaccioso	bedrohend	Ameaçador/a
Angosciato/a	eingeschüchtert, beängstigt	Angustiado/a
Affacciarsi a	sich hinauslehnen	Chegar a
Brace	Glut	Brasa
Prendere in giro	sich lustig machen über	Zombar de (debochar de)
Lucchetto	Schloss, Vorhängeschloss	Cadeado
Cella	Zelle	Cela
Cicala	Zikade	Cigarra
Grotta	Höhle	Caverna
Delinquente	Straftäter	Delinquente
Scaricare	herunterladen	Baixar (fazer downloud)
Dissimulare	verheimlichen, vortäuschen	Disfarçar
Fregare	betrügen	Estafar
Cauzione	Kaution	Fiança
Gonfio/a	geschwollen, aufgedunsen	Inchado/a
Muso	Schnauze	Focinho
Rogo	Lagerfeuer, Scheiterhaufen	Fogueira
Incosciente	unbewusst, bewusstlos	Inconsciente
Infettarsi	sich infizieren, sich anstecken	Contagiar-se
Inferno	Hölle	Inferno
Giada	Jade	Jade
Gelsomino	Jasmin	Jasmim
Mattone	Ziegelstein, Backstein	Tijolo
Ramarro	Echse	Lagarto
Andare d'accordo	sich gut verstehen mit	Dar-se bem
Maligno/a	bösartig, schädlich	Maligno/a
Manipolare	handhaben	Manipular
Prigione	Verlies, Kerker	Masmorra
Mormorare	murmeln	Murmurar
Nobile	adelig	Nobre
Parrucca	Perücke	Peruca
Ricordi	Souvenirs	Lembranças
Inferriata	Gitter, Gitterstab	Grade
Scantinato	Keller	Porão
Talento	Talent, Begabung	Talento
Vela	Segeln	Vela

Railways & Recollection

Ireland's General Motors Diesel

CW00683690

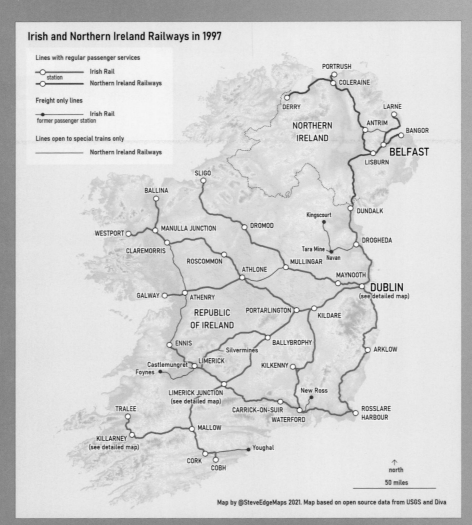

Irish and Northern Ireland Railways in 1997

Lines with regular passenger services

○—○ Irish Rail
station
○—○ Northern Ireland Railways

Freight only lines

●— Irish Rail
former passenger station

Lines open to special trains only

—— Northern Ireland Railways

PORTRUSH
COLERAINE
DERRY
LARNE
ANTRIM
BANGOR
NORTHERN IRELAND
BELFAST
LISBURN
DUNDALK
SLIGO
BALLINA
Kingscourt
DROGHEDA
WESTPORT
MANULLA JUNCTION
DROMOD
Tara Mine
Navan
CLAREMORRIS
ROSCOMMON
MULLINGAR
ATHLONE
MAYNOOTH
GALWAY
ATHENRY
REPUBLIC OF IRELAND
PORTARLINGTON
DUBLIN
(see detailed map)
KILDARE
ENNIS
Silvermines
BALLYBROPHY
ARKLOW
LIMERICK
Castlemungret
KILKENNY
Foynes
LIMERICK JUNCTION
(see detailed map)
New Ross
TRALEE
CARRICK-ON-SUIR
ROSSLARE HARBOUR
WATERFORD
KILLARNEY
(see detailed map)
MALLOW
CORK
Youghal
COBH

↑
north

50 miles

Map by @SteveEdgeMaps 2021. Map based on open source data from USGS and Diva

Railways & Recollections

Ireland's General Motors Diesel-Electrics

Philip Horton

SLP

Silver Link Books

© Philip Horton 2022

All rights reserved. No part of this publication may be reproduced, stored in a retrieval system or transmitted, in any form or by any means, electronic, mechanical, photocopying, recording or otherwise, without prior permission in writing from Silver Link Books, Mortons Media Group Ltd.

First published in 2022

British Library Cataloguing in Publication Data

A catalogue record for this book is available from the British Library.

ISBN 978 1 85794 599 7

Silver Link Books
Mortons Media Group Limited
Media Centre
Morton Way
Horncastle
LN9 6JR
Tel/Fax: 01507 529535

email: sohara@mortons.co.uk
Website: www.nostalgiacollection.com

Printed and bound in the Czech Republic

Frontispiece: Class 071 diesel-electric No 084 leaves Limerick Colbert station with a train of Mk 2d coaches for Dublin Heuston on 17 February 2006. *David Alison*

Contents

Acknowledgements

The author would like to thank those people without whose help this book would not have been possible. Most were also involved in helping me produce my previous Silver Link titles.

I would again like to thank Stephen Edge who on this occasion has not only produced the maps but has also provided a number of photographs. Others have been provided by Neil Carter, who accompanied me on my tour of Irish railways in June 1997, David Alison and David Houston. All other photos are my own.

Chief among the reference books consulted were *Locomotives & Rolling Stock of Irish Rail and Northern Ireland Railways* (3rd edition) (Signal Press, 1987) and *Irish Railways Locomotives, Multiple Units & Trams* by Robert Pritchard (Platform 5, 2020). In addition Irish enthusiast David Houston has been most generous in allowing me to draw on his extensive knowledge of Ireland's railways.

The text of the book has again benefited from the early proofreading and editing carried out by my wife Susan.

Finally I would like to acknowledge the help and encouragement received from Peter Townsend of Slip Coach Publishing and Will Adams of Keyword.

Philip Horton
Le Croisty, Brittany
August 2021

Abbreviations

AEC	Associated Equipment Company
BCDR	Belfast & County Down Railway
BGV	Brake Generating Van
BGSV	Brake Generating Steam Van
BR	British Railways
BREL	British Railways Engineering Ltd
CIE	Córas Iompair Éireann
DART	Dublin Area Rapid Transit
D&SER	Dublin & South Eastern Railway
DEMU	Diesel-Electric Multiple Unit
DMU	Diesel Multiple Unit
ETS	Electric Train Staff (for use on single-track lines)
CB&SCR	Cork, Bandon & South Coast Railway
GM	General Motors
GNR(I)	Great Northern Railway (Ireland)
GS&WR	Great Southern & Western Railway
GSR	Great Southern Railways
GWR	Great Western Railway (GB)
IR	Iarnród Éireann/Irish Rail
ITG	Irish Traction Group
LMS	London Midland & Scottish Railway (GB)
LMS(NCC)	LMS (Northern Counties Committee)
Luas	Dublin Light Rail System (Luas is Irish for 'speed')
Mk (2 or 3)	Types of coach built by BREL for BR, NIR and CIE
M-V	Metropolitan-Vickers
MGWR	Midland Great Western Railway
NIR	Northern Ireland Railways
RPSI	Railway Preservation Society of Ireland
SL&NCR	Sligo, Leitrim & Northern Counties Railway
TL	'Train Line' lighting
UTA	Ulster Transport Authority

Introduction

In introducing this book I must emphasise that I am no expert on the railways of Ireland. What the book contains are my 'Recollections' of travelling across Ireland by rail during visits in May 1989 and June 1997, all of it behind General Motors (GM) diesel-electrics. This has inevitably involved delving into their history, which I have tried to summarise in both Chapter 1 and in the photo captions. My visit in 1989 included a trip from Dublin to Galway and back by Irish Rail (IR) and also travel on the Railway Preservation Society of Ireland's (RPSI) three-day 'Mount Brandon Railtour' from Dublin to Tralee, and later from Dublin to Belfast. Eight years later I spent six days with a long-standing friend Neil Carter travelling throughout the country with 'Rail Rover' tickets. I have extended the photographic coverage time-wise by including those kindly provided by Stephen Edge, David Houston and David Alison. It should be noted that these 'Recollections' largely involve the railways of the Irish Republic, although those of Northern Ireland are mentioned where relevant.

In retrospect the timing of both my trips was fortuitous as, although steam had long since disappeared from the country's railways, the trains were almost all loco-hauled by GM-built diesel-electrics, while many working practices were still rooted in the days of steam. At Dublin Heuston, for instance, station pilots were still used to haul empty stock out of the station and return it later before its next departure. Away from the Dublin to Cork main line, signalling was predominantly mechanical with semaphore signals well in evidence. Much of the network is single-track, so in the 1990s Electric Train Staffs (ETS) were still being exchanged with the signalman of each block post, usually from one station to the next, as a train proceeded towards its destination. During the next decade much of this infrastructure was steadily swept away and modern signalling installed. A portent of the future in 1997 was the appearance at both Heuston and Connolly stations of the first Class 2600 'Arrow' diesel multiple units (DMUs), built in Japan from 1993. These were followed by further classes of 'Arrow' together with both outer-suburban and inter-city units. The few remaining diesel-hauled trains are now push-pull-operated. As a result many of the GM diesels have been withdrawn. It is sad that more of my countrymen in mainland Britain did not cross the Irish Sea to witness the last of the old practices for themselves. Even so, there is still much for the railway enthusiast to enjoy in Ireland.

To provide some background to my 'Recollections' I have briefly summarised the history of Ireland's railways and their rolling stock. In doing this I have been ably assisted by Irish enthusiast David Houston. This history initially closely followed that of Great Britain, and indeed some of Britain's railways either owned or had interests in the Irish ones. On the motive power front the well-known British CMEs Aspinall, H. A. Ivatt, Robinson, Maunsell and Bulleid were all associated with Ireland during part of their careers. A significant point of difference was of course Ireland's gauge of 5ft 3in. Ireland once boasted some 150 railway companies, but after the Irish Free State was established in 1922 just one company, the Great Southern Railways (GSR), became dominant in the Republic. This was formed by the amalgamation of the Great Southern & Western Railway (GS&WR), Midland Great Western Railway (MGWR), the Cork, Bandon & South Coast Railway (CB&SCR) and later the Dublin & South Eastern Railway (D&SER) under the Railways (Directorate) Act of 1924. The CB&SCR section closed in 1961.

In the north the main railways serving Northern Ireland included the Northern Counties Committee of the LMS(NCC) and the Belfast & County Down Railway (BCDR). Several lines crossed the border between the Republic and Northern Ireland, the most important of which was the Great Northern Railway (Ireland) (GNR(I)) main line between Dublin and Belfast. In 1945 the GSR became Córas Iompair Éireann (CIE), a 'semi-state' entity set up by the Irish Government. Iarnród Éireann/Irish Rail (IR)

was set up as a division of CIE in 1987. In the north the NCC and BCDR came under the control of the Ulster Transport Authority (UTA) in 1948 and became Northern Ireland Railways (NIR) in 1968.

The GNR(I), being a cross-border company, was left out in the cold and by 1953 found itself on the verge of bankruptcy, with the whole system threatened by closure. At the last minute it was bailed out to be replaced by a GNR Board, controlled jointly by the Republic and Northern Ireland Governments. Even so its system was decimated. As far as passenger traffic is concerned, by the 1990s only the Dublin to Belfast line remained, together with the short branch to Howth on the coast north of Dublin and the former branch from Lisburn to Antrim in Northern Ireland. The latter was for a time part of the Belfast to Londonderry/Derry main line. Others to survive were ex-NCC lines to Larne and Portrush, together with the ex-BCDR line to Bangor. More recently the ex-GNR(I) Lisburn to Antrim branch has closed and Belfast to Londonderry/Derry trains now use the more direct ex-NCC route throughout. In 1984 the IR line between Howth on the ex-GNR(I) branch on the coast and Bray on the Wexford line in the south were electrified at 1,500 volts DC to form the 'Dublin Area Rapid Transit' system (DART). In 2000 it was extended to Malahide on the Belfast main line north of Dublin and to Greystones in the south. Two extensive electrified tram routes, the 'Dublin Light Rail System' ('Luas' – the Irish for 'speed') now run through the city.

The diesel-electric locomotives

After CIE was set up in 1945, two years before the emergence of British Railways (BR), it sought the formal advice of Sir James Milne, the General Manager of the GWR. Regarding motive power his suggestion was that CIE should continue with steam traction, advice that CIE totally ignored. In the early 1950s, when BR was still building its range of 'Standard' steam engines, CIE was beginning to replace its stock of ageing steam engines with DMUs and diesel locomotives. Around 60 DMU cars were built with AEC motors between 1951 and 1954 and had already made significant inroads into steam passenger workings before the arrival of the diesels (many of these DMUs were de-motored and converted to push-pull sets for work on Dublin's suburban services in the early 1970s – see also under 'Carriages' below).

CIE's first two diesel locomotives were built at CIE's Inchicore Works in Dublin in 1950/51 with Metropolitan-Vickers (M-V) traction motors and Sulzer engines. These Bo-Bo locos later became Class 113, Nos B113 and B114. Although they were put into store during the early 1970s, No 114 was not scrapped until March 1995, while No B113 is preserved.

CIE's early Metropolitan-Vickers diesel-electrics

CIE then ordered no fewer than 94 more from M-V in the UK. Sixty of them were Co-Cos (later Class 001, Nos 001 to 060), and 34 were Bo-Bos. The latter were CIE Class C201, becoming Class B201 on being re-motored as pictured and described below.

Below: **CLASS 001** Sixty Co-Co diesel-electrics, later Nos 001 to 060, were ordered from Metropolitan-Vickers (M-V) and were delivered from 1955. They were originally fitted with M-V traction motors and Crossley engines. Like those used with BR's Class 28 Co-Bos, these engines were unreliable and were replaced by GM engines from 1968. The locos lasted until the mid-1990s and four are preserved. One of the last of the class, No 051, is seen at the head of a sugar beet train at the loading facility at Wellington Bridge station on 23 October 1993. *David Houston*

Twelve A1A-A1As were also built in Britain in 1956 by the Birmingham Railway Carriage & Wagon Company with M-V traction motors and Sulzer engines, later becoming Class 101. The last was taken out of service in 1978, although they were not officially withdrawn until 1984. No B103 is preserved.

General Motors diesel-electrics

From 1961 all CIE's main-line diesels were built by GM, a sad reflection on the state of British industry at the time. Details of the five GM classes involved are given with the accompanying illustrations. In 1989 the four classes then running carried the 1987 IR black and orange livery with white lining at waist height and just below roof level. This matched that carried by the coaches, although their upper lining was at roof level. In contrast the Class 201s, introduced in 1994, received an overall orange livery with black and yellow markings at front and back only.

Below: **CLASS B201** Thirty-four Bo-Bos, latterly Nos B201 to B234, were also ordered from M-V and were delivered from 1956. Also fitted with M-V traction motors and Crossley engines, the latter were replaced with GM engines between 1969 and 1980. The locos lasted until the mid-1980s after which six were sold to NIR for departmental use. One of the latter, No 109 (ex-B234), is seen at York Road depot, Belfast, on 5 May 1989 (to its left is 0-6-0 Class 1, diesel-mechanical No 1, built by English Electric in 1969). Three units are preserved, including the remains of No B227, which was one of those sold to the NIR. *Author*

Above: **CLASS 121** The first GM diesel-electrics to be ordered by CIE were the single-cabbed Class 121. Fifteen of these 950hp Bo-Bo units, built in Illinois, USA, were introduced in 1961, weighing 64 tons and with a maximum speed of 77mph. For safety reasons the locos had to run cab first, so had to be turned after each journey. All locos have now been withdrawn, although two, Nos 124 and 134, are preserved. It should be noted that latterly locos of Classes 121, 141 and 181 were fitted for multiple working with each other. One of the Class, No 122, is seen at Limerick on 13 June 1997. *Author*

Above: **CLASS 181** In 1966 12 Class 181 1,100hp Bo-Bo diesel-electrics were introduced, which were a development of the earlier Class 141 units. Their weight remained at 67 tons with a maximum speed of 80mph. All have now been withdrawn, although No 190 is preserved. No 184 is seen running round a train from Limerick at Limerick Junction on 12 June 1997. *Author*

Left: **CLASS 141** The Class 121s were followed in 1962 by 37 Class 141 950hp Bo-Bo diesel-electrics with a cab at each end, thereby avoiding the need to turn the locos. They weighed 67 tons and had a maximum speed of 80mph. All are now withdrawn or in store, while Nos 141, 142, 146, 152 and 175 are preserved. No 157 is seen on station pilot duties at Heuston station, Dublin, on 11 June 1997. *Author*

Above: **CLASS 071** Eighteen of the Class 071 2,450hp Co-Co diesel-electrics were introduced ten years later in 1976. These were much enlarged versions of the earlier double-cabbed units. They weigh 99 tons with a maximum speed of 90mph. In addition, in the early 1980s three almost identical machines, Class 111 (Nos 111 to 113), were built for NIR to work 'Enterprise' trains between Belfast and Dublin, duties they shared with IR's Class 071 locos. The NIR locos were later renumbered 8111 to 8113. Today the IR locos are used for freight traffic, although two, Nos 071 and 073, have been returned to their 1976 (CIE) and 1987 (Irish Rail) livery of orange and black and are occasionally used on special passenger workings. The NIR machines survive on infrastructure workings. No 079 is seen at Sligo with a train from Dublin Connolly on 15 June 1997. *Author*

Above: **CLASS 201** The final GM diesel-electrics ordered by Irish Rail to date were the Class 201 3,200hp Co-Cos. These differed from the earlier engines by having cabs that were flush with their bodywork. Thirty-four of these units, two for NIR, were introduced from 1994, all built at the GM plant in Ontario, Canada. They weigh 112 tons, have a maximum speed of 100mph, and are named after Irish rivers. Many were originally fitted for push-pull working on the Dublin suburban and later on Dublin to Cork trains. In addition, six IR locos are compatible with NIR safety systems and are dedicated to the Dublin-Belfast 'Enterprise' services. The two NIR locos, used on cross-border trains, were Nos 208 and 209 (now Nos 8208 and 8209) are still in daily use between Dublin and Belfast. Non-push-pull-fitted locos are now stored and heavily cannibalised. Here No 213 *River Moy/Abhainn Na Muaidhe* heads a Dublin train at Westport on 14 June 1997. *Author*

Rolling stock: coaches

Once established, CIE set about the long task of replacing the many ancient coaches it had inherited. Many modern, but still wooden-bodied, coaches were built at Inchicore Works throughout the 1950s. These were followed by metal-bodied vehicles in the 1960s. The first of these were assembled at Inchicore from parts provided by Cravens, although later coaches were delivered complete. These early designs made full use of Ireland's broader track and loading gauges to create spacious, comfortable coaches. The wooden coaches lasted into the 1980s when, following two serious accidents, the strength of their 'laminate' construction was questioned. As a result all wooden-bodied coaches were banned from carrying passengers on the Dublin to Belfast and Dublin to Cork main lines. A number were preserved by the RPSI and used for its special trains; the RPSI now uses Cravens coaches on these trains (see the photographs on pages 44, 45 and 47 respectively).

In the early 1970s many of the early DMUs were de-motored and converted to push-pull sets for work on Dublin's suburban services, hauled by GM-engined Class B201 locos. When the DART service opened between Howth and Bray in 1984 a couple of short push-pull sets were retained for the Bray to Greystones shuttles, often with Class 121 locos. When the last of the push-pull sets were withdrawn in 1987, BREL-built Class 80 DEMUs were hired in from NIR to cover this service. When these units returned to NIR after a few years the train service to Greystones was sparse until DART services commenced in 2000.

To return to the early 1970s, to reduce costs new CIE coaches were based on the BR Mk 2d bodyshell, and were mounted on Irish-gauge bogies at Inchicore Works. Although a more modern air-conditioned coach was produced, the bodyshells were built to the GB loading gauge and were noticeably less spacious.

Similarly in 1983 a further carriage update was undertaken using BR Mk 3 bodyshells. These were used for the main expresses, particularly on the Dublin to Cork main line. At the end of the 1980s a number of Mk 3 sets with driving trailers were built for push-pull working. Initially these worked mainly on Dublin commuter trains, some working as far north as Dundalk on the Irish border until replaced by second-generation DMUs. Although most of the push-pull driving trailers had a speed limit of 70mph, the sets then moved to regular main-line workings, working with either Class 121 or 201 locos. In the early 1990s IR purchased 16 ex-BR Mk 2a/b/c coaches from a GB dealer (see the photograph on page 31). One of these was converted to a buffet car while another was destroyed by fire before entering service. The coaches lasted into the early 2000s.

Irish coaches do not have their own generators to light and heat the train. Trains of Cravens coaches required a generating van to produce both electricity and steam to light and heat them. These vans were converted by BREL from ex-BR Mk 1 stock in 1972. Cravens coach numbers subsequently ended with a 'TL' (for 'Train Line' lighting), indicating that a 'brake generating steam van' (BGSV) was required. Three brake generating vans (BGV) were also used to provide electricity for IR's early ex-BR Mk 2 coaches. These were among the ten constructed by the Dundalk Engineering Works in 1969, based on a Dutch design. Trains of BREL-type Mk 2d or Mk 3 coaches also included matching BGVs to provide electricity. IR also operated its cross-border 'Enterprise' services with Mk 2d coaches, while NIR used its own earlier Mk 2s, the first of which were bought from BREL in the 1970s and carried a distinctive grey and blue-stripe livery.

The early CIE coaches carried various green liveries, but these were replaced on both locos and coaches by the more familiar orange and black in the early 1960s. As mentioned above, the striking form that involved white bands at both waist and roof level was introduced when IR was formed in 1987.

Rolling stock: wagons

By the end of the 1980s mixed freight had disappeared from the IR network and, as in the UK, only trainload traffic was carried. The range of specialised wagons included examples for timber, cement, gypsum, zinc ore and oil, together with bogie flat wagons to carry sea-going containers. Until about ten years ago much of the output from Guinness's Dublin brewery also travelled by rail.

Unique to Ireland were the high-sided open wagons used for the seasonal sugar beet traffic; 165 of these were assembled from older rolling stock by CIE's Limerick Wagon Works as late as 1985, at a time when this traffic was lost to BR. Each had a capacity of 19 tons and comprised a former container flat wagon and two open wagon bodies one on top of the other (see photos on pages 37 and 45). The last sugar beet trains ran in January 2006 and the last factory closed in May 2006 (see photos on pages 63 and 64). There has been no internal freight within Northern Ireland for many years.

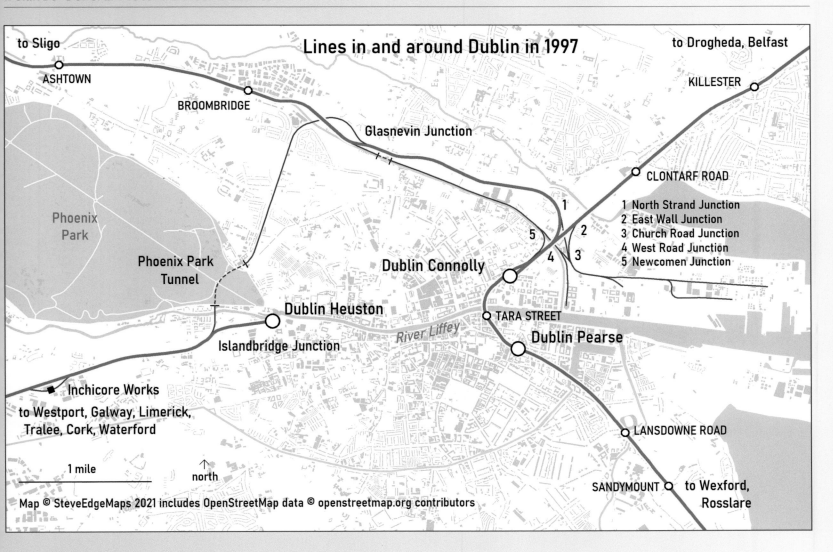

Lines in and around Dublin in 1997

to Sligo

to Drogheda, Belfast

ASHTOWN

KILLESTER

BROOMBRIDGE

Glasnevin Junction

CLONTARF ROAD

Phoenix
Park

1
2
3
4
5

1 North Strand Junction
2 East Wall Junction
3 Church Road Junction
4 West Road Junction
5 Newcomen Junction

Phoenix Park
Tunnel

Dublin Connolly

Dublin Heuston

TARA STREET

Islandbridge Junction

River Liffey

Dublin Pearse

Inchicore Works

to Westport, Galway, Limerick,
Tralee, Cork, Waterford

LANSDOWNE ROAD

1 mile

↑
north

SANDYMOUNT

to Wexford,
Rosslare

Map © SteveEdgeMaps 2021 includes OpenStreetMap data © openstreetmap.org contributors

2.1 Dublin Heuston station

When my friend and I visited Heuston station in June 1997 its main-line departures went to Galway, Westport, Limerick, Cork, Tralee and Waterford. The station had opened in 1846 as Dublin Kingsbridge, and was the terminus of the Great Southern & Western Railway's main line to Cork. The GS&WR's network once extended over much of the south and west of Ireland. It became part of the Great Southern Railways (GSR) in 1925 and Córas Iompair Éireann (CIE) in 1945. The station was renamed Heuston in 1966, which was the 50th anniversary of the Easter Rising against British rule in Ireland; 16 CIE stations were named in honour of each Irishman who was executed by the British in the aftermath of the conflict, one of them being railwayman Sean Heuston.

The trains to Galway and Westport only appeared at Heuston in 1973; until its closure in 1937 these had started from the former Midland Great Western Railway's Broadstone terminus. They then ran via Amiens Street (now Connolly) to terminate at Westland Row (now Pearse) (see Chapter 3) until finally diverted to Heuston via Portarlington.

Three new platforms were added at Heuston in August 2002 together with improved signalling and trackwork. It is now linked to Connolly station by Luas tram.

DUBLIN Two Class 201 diesel-electrics, Nos 232 *River Cummeragh/Abhainn na Chaomaraigh* and 214 *River Brosna/Abhainn na Brosnaí*, stand in Heuston station, Dublin, with the 18.30 and 18.16 trains to Tralee and Waterford respectively on 11 June 1997. Nearest to the camera is two-car DMU No 2613 with a local service to Kildare; these were the first of the 'Arrow' Class DMUs, built in 1993 by the Tokyo Car Corporation with hydraulic transmission. *Neil Carter*

Below: **DUBLIN** One of Heuston's station pilots catches the last of the light as it hauls empty stock out of the station in February 2006. *David Alison*

Above: **DUBLIN** Class 071 diesel-electric No 080 awaits departure from Heuston station with the 13.00 train to Cork on 12 May 1989. In the background, standing in front of Heuston's carriage maintenance depot, is a GM Class 141 loco on station pilot duties. *Author*

Above right: **DUBLIN** No 080 shows off its striking orange and black livery to good effect as it arrives back at Heuston station with a set of Mark 2d coaches forming the 05.30 service from Cork on 13 May 1989. The orange and black livery first appeared in the 1960s, but the white stripe as a waistband, which aligned with that below the roofs of the coaches, as seen here, only appeared in 1987 when the Irish Rail division of CIE was set up. *Author*

DUBLIN Nos 224 *River Feale/Abhainn na Féile* and 157 stand side-by-side in Heuston station on 11 June 1997. No 224 is heading a train to Cork while Class 141 diesel-electric No 157 is one of the station pilots. *Author*

Above: **DUBLIN** No 207 *River Boyne/Abhainn na Bóinne* heads the 17.30 train to Limerick and Ennis at Heuston station on 11 June 1997. The engine is one of four that carry the 'Enterprise' livery, usually reserved for trains between Dublin Connolly to Belfast. No 207 was one of the two locos owned by IR. *Author*

Above right: **DUBLIN** Also at Heuston station during the evening rush hour on 11 June 1997 was No 079. The engine is heading the 18.10 service to Westport. *Neil Carter*

Right: **DUBLIN** Another of Heuston's station pilots on that June day was No 155. The engine has backed onto the end of another arrival prior to removing it to the carriage sidings. *Author*

2.2 Dublin Heuston to Galway (129½ miles)

My first run behind an Irish Rail General Motors diesel-electric was on 12 May 1989 when I caught the 11.00 service from Heuston to Galway headed by No 076. Shortly after leaving Heuston my train passed Inchicore Works on the left then followed the main line towards Cork. At Portarlington we branched to the right over what until the 1970s was the ex-GS&WR's single-track branch to Athlone. Here my train called at the town's ex-GS&WR station, which had recently been refurbished. The former ex-MGWR main line from Athlone to Mullingar and Dublin could be seen coming in from our right as we left the town; this line had closed to all traffic (except specials) from November 1987.

At Athenry the Galway main line crosses the ex-GS&WR's 'west coast' line from Limerick to Claremorris and Collooney. By 1989 this was also goods-only between Ennis and Claremorris. The GS&WR's Collooney station closed to passenger traffic in 1963 and to goods in 1975 (see also Chapter 3.3). A passenger service between Limerick, Ennis and Galway via Athenry was reinstated as IR's 'Western Rail Corridor Project' in March 2010.

Galway station first opened in 1851 as one of the MGWR's west coast termini. After arrival there No 076 propelled its train of four Cravens coaches and BGSV out of the station prior to running round. Before rejoining the coaches it collected two more from a siding before reversing the whole train into the station, ready for departure at 15.15.

PORTARLINGTON The junction for the single-track Galway line is just west of the station at Portarlington. On 16 July 2006 a Class 071 diesel-electric heads west away from the Cork main line towards Athlone and Galway. Trains to Westport also used this line as far as Athlone. *David Alison*

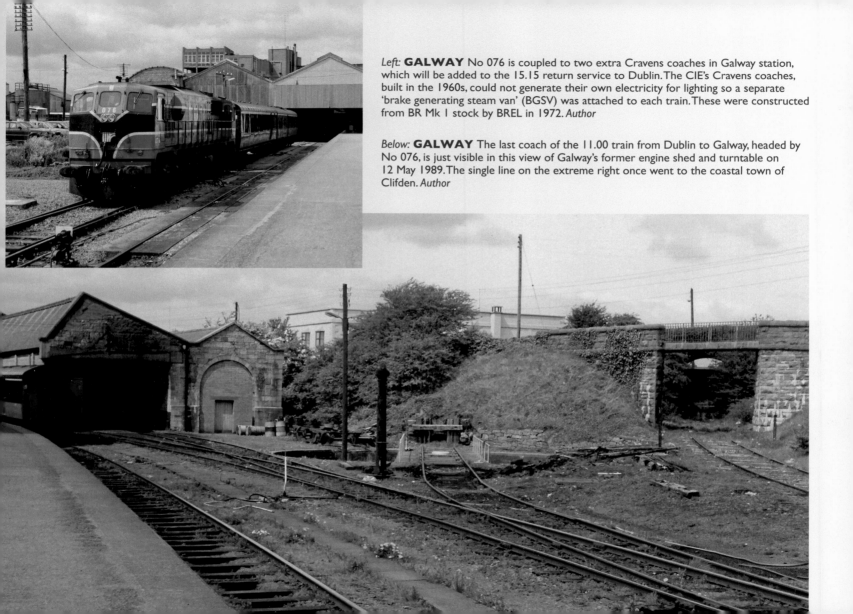

Left: **GALWAY** No 076 is coupled to two extra Cravens coaches in Galway station, which will be added to the 15.15 return service to Dublin. The CIE's Cravens coaches, built in the 1960s, could not generate their own electricity for lighting so a separate 'brake generating steam van' (BGSV) was attached to each train. These were constructed from BR Mk 1 stock by BREL in 1972. *Author*

Below: **GALWAY** The last coach of the 11.00 train from Dublin to Galway, headed by No 076, is just visible in this view of Galway's former engine shed and turntable on 12 May 1989. The single line on the extreme right once went to the coastal town of Clifden. *Author*

Right: **GALWAY** In this view over the turntable on 12 May 1989, No 076 stands in Galway station with its completed train, prior to departure for Dublin at 15.15. A TPO coach has been added to the front of the train. The waters of Galway Bay can be seen in the background. After the end of steam turntables were used to turn the single-cabbed Class 121 locos. *Author*

Below: **GALWAY** No 076 has drawn the two extra Cravens coaches past the other coaches outside Galway station and prepares to reverse the whole train back into the platform. *Author*

2.3 Dublin Heuston to Westport (164 miles), and Manulla to Ballina (20½ miles)

My first Irish journey in 1997 was on 14 June when my friend Neil Carter and I caught the 08.25 from Heuston hauled by No 214. Westport, opened in 1866, was another ex-MGWR station on Ireland's west coast; the line once extended to the coastal town of Achill, but this closed in 1937. The line to Westport left that to Galway at Athlone. At Claremorris we remained on the train, leaving it at Manulla Junction where the 11.51 service to Ballina, headed by No 159, was waiting for us. This ex-MGWR branch once ran to Killala but had long ago been cut back to Ballina. The extensive station at Manulla Junction was demolished in 1963 and replaced by a single island platform with no outside public access. In 1997 a Portakabin-type structure acted as both a waiting room and signal cabin. Although it remains a block post there is no loop to allow a loco to run round its train. The whole Ballina train therefore had to run to Claremorris to do so, a manoeuvre not needed with modern DMUs. Back at Manulla Junction we returned to Claremorris on the 13.20 train from Westport, again behind No 214.

As already mentioned Claremorris was once a junction for Athenry and Limerick to the south and Collooney to the north. Here we found the lines to Athenry still in place and fully signalled, as it was still open for occasional goods traffic. Access to what is now just an engineer's siding is now only possible from Claremorris's Platform 3. It is still hoped that the line will one day reopen as an extension of the 'Western Rail Corridor Project'. In addition, until 1960 Claremorris was also the junction for the Ballinrobe branch.

While at Claremorris we watched No 159 arrive with the empty stock of the Ballina train. It ran round, then returned to Manulla Junction. We next caught the 13.05 service from Heuston into Westport, this time hauled by No 213. West of Claremorris it was just possible to make out the overgrown route of the Collooney line as it headed northwards. Pausing at Manulla Junction we noted No 159, again waiting for passengers to Ballina, before our train arrived at Westport. We returned to Dublin at 18.30, again behind No 213.

Above: **GALWAY** An unusual choice of motive power for an IR Dublin to Galway train in February 2006 is NIR Class 111 diesel-electric No 112 *Northern Counties*. The loco, seen entering Galway station, is one of three built by General Motors in the 1980s. These Co-Co diesels are almost identical to IR's Class 071 and were then normally used on the cross-border Dublin to Belfast 'Enterprise' trains. *David Alison*

Right: **MANULLA JUNCTION** No 214 *River Brosna/Abhainn na Brosnaí* has arrived at Manulla Junction with the 08.25 from Dublin to Westport on 14 June 1997. On the right No 159 waits with the 11.40 service to Ballina for passengers off the Dublin train. *Author*

Above: **MANULLA JUNCTION** No 214, *River Brosna/Abhainn na Brosnaí* arrives back at Manulla Junction with the 13.20 from Westport to Dublin, where it will be joined by passengers off the 13.10 from Ballina. The single-track line to Ballina is on the right. *Author*

Left: **MANULLA JUNCTION** No 159 is seen again on the same day after its arrival back at Manulla Junction with the 13.10 from Ballina. Passengers await the arrival of the 13.20 train from Westport to Dublin. *Author*

Right: **MANULLA JUNCTION** No 214's driver collects the staff for the single line to Claremorris; note that the driver has already thrown the staff from Westport onto the platform. Also note the loco's Gaelic nameplate, *Abhainn na Brosnaí*, above the driver's cab; the English name, *River Barrow*, is on the opposite cab top. *Author*

Above: **BALLINA** Two GM-built diesel-electrics head a freight at the end of the passenger line at Ballina on Sunday 16 July 2006; it will form a container train to Waterford on the following day. The first loco is No 142 while the second is a Class 121. The two IR locos of different classes are both fitted for working in multiple. At the time only Nos 124 and 134 of this class were still active. *David Alison*

Above left: **BALLINA** No 159 is seen at Ballina after arrival with the 11.49 from Manulla Junction on 14 June 1997. The line once continued to the coastal town of Killala. *Author*

Left: **BALLINA** After running round its train, No 159 awaits departure for Manulla Junction at 13.10. *Author*

Above: **CLAREMORRIS** Having run round its train, No 159 waits to depart from Claremorris with the empty stock of the next train from Manulla Junction to Ballina. The line on the right, which serves Platform 3, is now the only one with access to the former Athenry line, and is reduced to an engineer's siding. It is still hoped that it will one day reopen. *Author*

Above: **CLAREMORRIS** The signalman at Claremorris receives the staff from the driver of No 159 as it arrives from Manulla Junction with the empty stock of the 13.10 train from Ballina to Manulla Junction on 14 June 1997. The train comprised two Cravens coaches and a Mk 1 BGSV. All loco-hauled passenger trains on the branch had to run to Claremorris after each working to enable the loco to run round. *Author*

Left: **CLAREMORRIS** No 159 runs round its coaches at Claremorris before returning to Manulla Junction. The line to Athenry on the right, still protected by an impressive array of semaphore signals, once continued to Ennis and Limerick. The Athenry to Ennis line later reopened to passenger traffic and now forms part of IR's 'Western Rail Corridor Project', while the section between Claremorris and Athenry was closed and mothballed. *Author*

Right: **CLAREMORRIS** No 213 *River Moy/Abhainn na Muaidhe* arrives at Claremorris with the 13.05 Dublin to Westport train, made up of Mk 3 coaches, on 14 June 1997. Passengers for Ballina will change at Manulla Junction, joining the train hauled by No 159. *Author*

Above: **CLAREMORRIS** NIR Class 111 diesel-electric No 112 *Northern Counties* is seen again working for IR on 15 July 2006. Here it arrives at Claremorris station with the empty stock for the Manulla Junction to Ballina branch train. As in 1997 the train comprises two Cravens coaches and a BGSV. *David Alison*

Right: **CLAREMORRIS** No 112 stands in Claremorris station waiting to return to Manulla Junction. The train has been strengthened to cater for passengers off the RPSI's steam-hauled 'Michael Davitt Railtour' from Dublin to Ballina. Note that in the background the signal arms for the Athenry line have been removed. *David Alison*

2.4 Dublin Heuston to Limerick via Limerick Junction (129 miles), including from Ballybrophy to Limerick via Birdhill (57 miles), and from Limerick to Ennis (24½ miles)

To reach Limerick we left Heuston on 12 June 1997 aboard the 08.55 to Cork headed by No 210. Instead of travelling via Limerick Junction we went instead on the single-track line, opened in the 1860s, from Ballybrophy to Limerick via Birdhill. Our train, headed by No 071 with two Cravens coaches and a BREL Mk 1 BGSV, was one of only two that used the line each weekday. It left Ballybrophy at 10.13 and brought us into Limerick at 11.38. The terminus here opened in 1858 and in 1966 was renamed Limerick Colbert after Cornelius Colbert.

We arrived at Limerick Junction later on the 13.38 from Limerick. This station, which opened in 1848, was 107 miles from Dublin on the ex-GS&WR's main line which ran south-west to Cork on Ireland's south coast. Until quite recently the station saw some interesting working practices. It comprised one long platform, and on its south-eastern side Dublin to Cork through trains could use one of two separate loops off the main line. There were bay platforms on its north-western side, which were separated by the station buildings (see the accompanying plan and photos). These bays, described here as the 'eastern' and 'western', were used by trains to and from Limerick and also cross-country trains between Limerick and Rosslare. The latter line, built by the Waterford & Limerick Railway (W&LR), opened between Limerick and Tipperary in 1848, thus providing a through line between Limerick and Dublin when the Dublin line opened two months later, although reversal

Above: **WESTPORT** Two views of No. 213 *River Moy/Abhainn na Muaidhe* and its Mk 3 coaches after arrival at Westport with the 13.05 from Dublin on 14 June 1997. The former goods shed can be seen just beyond the loco in the main photo. The inset photo looks west where the line once ran on to the coast at Achill. The goods shed is to the right of the train in this photo. *Author*

PORTARLINGTON No 087 arrives at Portarlington with a eastbound train for Dublin on 16 July 2006. The junction for the single-tracked Galway line is just west of the station. *David Alison*

PORTARLINGTON The junction for the westbound Galway and Westport, west of Portarlington, is again seen here as a Class 071 diesel-electric heads west with an express from Dublin towards Limerick Junction on 16 July 2006. *David Alison*

at Limerick Junction was required. A spur to Limerick off the main line east of the flat crossing was only installed in 1967.

Limerick to Rosslare trains could run straight into the eastern bay platform, but then had to reverse out of the station before continuing their journey towards Waterford, crossing the Dublin line on the level just east of the station. If the eastern bay was occupied, trains had to run past the station buildings and reverse into the western bay (see the diagram on page 33). A handful of trains between Limerick and Dublin avoided Limerick Junction by using the 1967 spur onto the main line.

Next day back at Limerick we caught the 11.55 train to Ennis, which comprised No 141 and the stock of the 10.13 from Ballybrophy. The station

at Ennis opened in 1859 on what, from 1901, became the GS&WR's line from Limerick to Athenry, Claremorris and Collooney. It lost its passenger service in April 1976 but subsequently reopened, the number of weekly departures increasing from one (on Thursdays) in 1984 to six in 1995. In March 2010 the passenger service was extended once again to Athenry as part of IR's 'Western Rail Corridor Project', which provides a through service between Limerick and Galway.

We returned to Limerick Junction on the 15.10 from Limerick to Cork headed by No 122 with three Mk 3 push-pull coaches, later catching the 18.10 to Rosslare Harbour as far as Waterford. The passenger service between Rosslare Harbour and Waterford was withdrawn in September 2010.

Above: **PORTARLINGTON** A train from Limerick to Dublin passes the same junction as it approaches Portarlington station on the same day. The train is headed by Mk 3 driving trailer No 6102 and propelled in the rear by a Class 201 diesel-electric. The push-pull sets, introduced in the late 1980s, were initially used on Dublin suburban services until replaced by DMUs. They were then used on various main-line trains, although most trailers were restricted to 70mph. *David Alison*

Above right and right: **BALLYBROPHY** The small station at Ballybrophy is the junction for the rural branch line to Limerick via Birdhill. In the picture (above right,) looking west, No 210 *River Erne/Abhainn na* Héirne heads the 08.50 from Dublin to Cork on 12 June 1997. In the photo (right) looking east, we see the rear of the train while to its left is No 071 (the first of its class) waiting in the up bay platform with the 10.08 to Limerick. *Author*

Above left: **BALLYBROPHY** Once the Cork express has departed No 071 waits in the rain to depart from Ballybrophy on the single-track line to Limerick. The train comprises two Cravens-designed coaches, Nos 1528TL and 1544TL, built in 1964 and 1967 respectively. The BGSV is No 3184, which was converted from ex-BR Mk 1 stock by BREL in 1972. *Author*

Above: **LIMERICK** Next day, 13 June 1997, No 141 (also the first of its class) arrives at Limerick with the 10.08 service from Ballybrophy. It will later form the 12.34 to Ennis. Its two Cravens coaches and BGSV are the same as the previous day. *Author*

Left: **BIRDHILL** At Birdhill No 071 passes Class 141 diesel-electric No 164 waiting there with a train of mineral wagons. The signalman's dog keeps a watchful eye on proceedings from the steps of the signal box. *Neil Carter*

Above: **LIMERICK** After arriving at Limerick with its train from Ballybrophy on 12 June 1997, No 071 has run round its train and will later form the 12.34 to Ennis. *Author*

Above right: **ENNIS** No 141 runs round its train at Ennis, then the terminus of the line, after arrival from Limerick on 13 June 1997. Ennis station closed in April 1976 but reopened in stages with the number of weekly departures increasing from one (on Thursdays) in August 1984 to six in May 1995. Early in 2010 the passenger service was extended once again to Galway as part of the IR's 'Western Rail Corridor Project'. A through service now runs between Galway and Limerick. *Author*

Right: **ENNIS** After backing onto its coaches at Ennis, No 141 waits to leave with the 13.51 service to Limerick. *Author*

Above: **LIMERICK** No 084 stands in Limerick station with a Dublin train in February 2006. *David Alison*

Above right: **LIMERICK** No 214 *River Brosna/ Abhainn na Brosnaí* leaves Limerick with the 14.45 non-stop train to Dublin Heuston on 13 June 1997. The train comprises some of IR's ex-BR early Mark 2 non-air-conditioned coaches, which were purchased from a UK dealer around 1990. One of the coaches was converted to a buffet car at Inchicore Works. *Author*

Right: **LIMERICK** Class 121 diesel-electric No 122 waits under Limerick station's overall roof with the 15.10 to Limerick Junction and Cork on 13 June 1997. The train comprises a three-car push-pull set formed of BREL/CIE Mk 3 coaches. *Neil Carter*

Right: **LIMERICK** No 141 is seen again at Limerick on the same day heading a short train of fuel wagons. In front is preserved Co-Co diesel-electric No A3. Latterly CIE Class 001, this loco was built in Manchester by Metropolitan-Vickers with Crossley engines in 1955/56; these were replaced by General Motors engines in the 1960s. It is now based at the West Clare Railway. *Author*

Left: **LIMERICK DEPOT** Class 141 diesel-electrics Nos 175 and 150 stand outside Limerick depot with a short train of cement wagons on 13 June 1997. *Author*

Generalised track layout at Limerick Junction in 1997

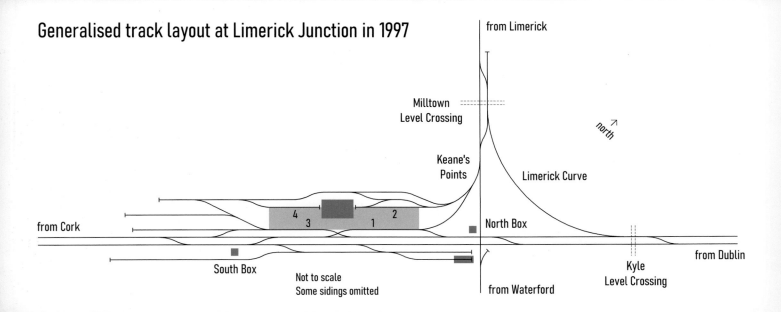

from Limerick

Milltown
Level Crossing

Keane's
Points

north

Limerick Curve

4   3   1   2

from Cork

North Box

South Box

Not to scale
Some sidings omitted

from Waterford

Kyle
Level Crossing

from Dublin

LIMERICK JUNCTION No 122 and its set of
three Mk 3 push-pull coaches approaches Limerick
Junction with the 09.35 from Limerick during the
morning of 13 June 1997. *Author*

Above: **LIMERICK JUNCTION** Standing at Limerick Junction is the driving trailer of No 122's push-pull set. *Neil Carter*

Above right: **LIMERICK JUNCTION** That afternoon No 122 pulls out of Limerick Junction on the short-lived 15.10 service from Limerick to Cork. *Neil Carter*

Right: **LIMERICK JUNCTION** No 075 arrives at Limerick Junction with the 08.55 from Dublin to Tralee on 13 June 1997. On the left the 10.10 from Limerick to Rosslare, comprising two Cravens coaches and a BGSV, can be seen arriving behind the first of the Class 181 diesel-electrics, No 181. *Author*

LIMERICK JUNCTION In what is now a busy scene at Limerick Junction, and looking south-westwards, on the left in the main through platform is the 08.55 from Dublin to Tralee, while passing on the right is the 10.10 from Limerick to Rosslare. The latter train will pass the station buildings, then reverse into the western bay platform. To rejoin the Rosslare line the train will have to repeat the manoeuvre in reverse, then draw its train forward, crossing the Dublin to Cork line on the level, east of the station. In the centre, No 184 stands in the eastern bay with the 07.15 service from Rosslare to Limerick. *Author*

LIMERICK JUNCTION
Later the same day, No 212 *River Slaney/Abhainn na Sláine* and its train of Mk 3 coaches arrives at Limerick Junction with the 14.45 from Cork to Dublin. Note on the left the small lower signal, which indicates that the train is signalled into the main platform. A second through platform has recently been built at Limerick Junction station. *Author*

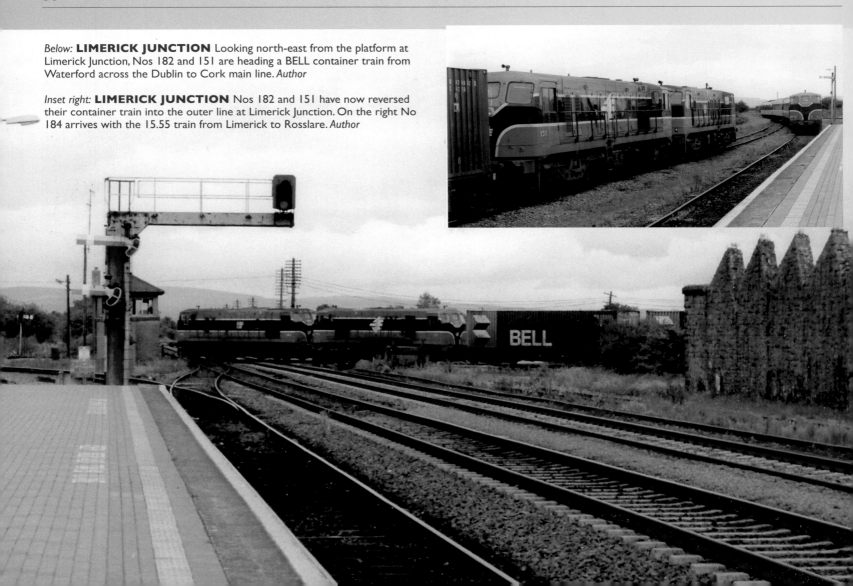

Below: **LIMERICK JUNCTION** Looking north-east from the platform at Limerick Junction, Nos 182 and 151 are heading a BELL container train from Waterford across the Dublin to Cork main line. *Author*

Inset right: **LIMERICK JUNCTION** Nos 182 and 151 have now reversed their container train into the outer line at Limerick Junction. On the right No 184 arrives with the 15.55 train from Limerick to Rosslare. *Author*

2.5 Limerick Junction to Cork (58½ miles), including Cork to Cobh (11½ miles)

On 12 June we travelled from Limerick Junction to Mallow and, as described in Chapter 2.6, went from there to Tralee. We arrived at Cork aboard the 17.45 from Tralee. The current Cork station opened as Glanmire Road in 1856 after construction of a 1,355-yard-long tunnel immediately to its north-west. It was rebuilt in 1893 and renamed Cork Kent station after Thomas Kent in 1966. The line to Cobh, then called Queenstown, was originally built by a separate company with a terminus at Cork Summerhill. In 1862 it was taken over by the GS&WR who ran it as an extension of its Dublin main line. It became an important calling point for transatlantic liners (one of them was the *Titanic*!) as well as an embarkation point for Irish emigrants.

For many years the line has operated as a suburban branch line. Although we did not have time to travel to Cobh we noted that the trains were worked by Class 141 and 181 diesel-electrics. These have now been replaced by DMUs. In July 2009 the passenger service was reinstated from Cork to Midleton on the truncated branch to the coastal town of Youghal, which closed to all regular passenger trains in 1963. David Houston has kindly provided a couple of photos of loco-hauled specials at Cobh during the period.

LIMERICK JUNCTION No 212 *River Slaney/Abhainn na Sláine* arrives at Limerick Junction with the 11.25 train from Dublin to Cork on 12 June 1997. To the right are two of the wagons designed for sugar beet traffic, introduced in 1985; they were built from the sides of two existing open wagons, one on top of the other, on a flat wagon base. *Author*

LIMERICK JUNCTION West of Limerick Junction the 11.25 from Dublin to Cork passed No 081 with a train of empty bogie bolster wagons. The train is being held in a refuge loop to allow an eastbound express to pass. *Neil Carter*

MALLOW No 219 *River Tolka/Abhainn na Tulchann* arrives at Mallow with a set of Mk 3 coaches forming the 09.25 service from Cork to Dublin on 13 June 1997. *Neil Carter*

MALLOW No 172, seen earlier that morning at Cork with the 08.25 to Mallow, leaves the latter station with its set of Cravens coaches forming the 09.10 service back to Cork. *Author*

Far left and left **CORK** In the first view No 220 *River Blackwater/An Abhainn Dhubh* has arrived at Cork station with the 17.45 service from Tralee on 12 June 1997, while in the second picture another of the class waits with an earlier arrival from Dublin. In the distance is the line to Cobh, together with Cork's maintenance depot. *Author*

Left: **CORK** No 172 stands in Cork station with the 08.25 train to Mallow, comprising Cravens coaches and a BGSV, on 13 June 1997. On the right is the station's freight avoiding line. *Author*

Below left: **CORK** On the same day Nos 171 and 176 have used that avoiding line and now stand with their train of flat wagons with portable containers on board at the south end of the station. The train is probably going to the now-closed freight terminal at North Esk on the Cobh line. *Author*

Below: **COBH** The Dublin to Cork main line extended to the coastal town of Cobh, then an important embarkation point for Irish emigration. By 1997 it was worked as a branch line, usually by Class 141 and 181 diesel-electrics. Loco haulage on passenger trains soon disappeared with the introduction of DMUs, after which locos only appeared on special trains. Here two Class 121 locos, Nos 127 and 134, head an ITG special to Tralee at Cobh on 8 April 2000. *David Houston*

2.6 Mallow to Tralee (62½ miles)

As described above, the previous day we had travelled to Mallow to catch the 12.55 from Cork over the single-track former GS&WR line to Tralee. En route we stopped at Killarney, another place of interest from a railway operating point of view. This terminus station comprises one long main platform and a bay. The main platform is part covered by the overall roof (see the accompanying diagram and photos on pages 44 and 45). Our train, headed by No 220, was scheduled to pass the 14.10 from Tralee to Dublin there and on this occasion ran into the shorter platform. Soon afterwards the Dublin train appeared running down the incline to the north of the station behind No 210. On joining the Mallow line west of Killarney signal box it ran forward until its last coach cleared the points beyond the box. It then reversed into the longer of the two platform faces. The line was now clear for our train to reverse out of the station past the signal box before climbing out of Killarney towards Tralee. In doing so it gave us a panoramic view of Killarney station and the Dublin train.

The line from Mallow had reached Killarney in 1853, six years before it reached Tralee in 1859. In 1966 Tralee station was renamed Tralee Casement after Roger Casement. At Tralee we had time for a ride behind the 3-foot-gauge Tralee & Dingle Railway's No 5 (Hunslet, 1892) on the then preserved, but now sadly defunct, railway as far as Blennerville, another embarkation point for Irish emigrants. We returned to Cork on the 17.45 from Tralee, again behind No 220.

COBH An Irish Railway Record Society special is seen at Cobh on 20 July 2013. No 073, in IR's post-2005 black and silver livery, has hauled the train from Dublin Heuston. No 073 is currently running in its earlier IR orange and black livery. *David Houston*

MALLOW The line to Tralee leaves the Dublin to Cork main line just south of Mallow station. No 213 *River Moy/Abhainn na Muaidhe* arrives at Mallow with the 07.30 service from Tralee on 13 June 1997. Trains between Cork and Tralee have to reverse at Mallow in each direction. *Author*

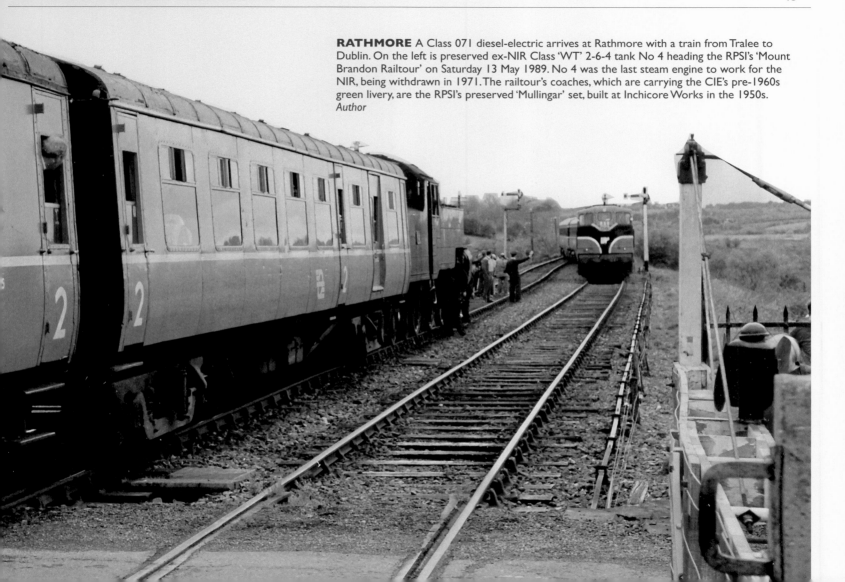

RATHMORE A Class 071 diesel-electric arrives at Rathmore with a train from Tralee to Dublin. On the left is preserved ex-NIR Class 'WT' 2-6-4 tank No 4 heading the RPSI's 'Mount Brandon Railtour' on Saturday 13 May 1989. No 4 was the last steam engine to work for the NIR, being withdrawn in 1971. The railtour's coaches, which are carrying the CIE's pre-1960s green livery, are the RPSI's preserved 'Mullingar' set, built at Inchicore Works in the 1950s. *Author*

Above: **BANTEER** The next day, Sunday 14 May 1989, the 'Mount Brandon Railtour', now headed by preserved GNR(I) Class 'V' three-cylinder compound 4-4-0 No 85 *Merlin*, waits at Banteer station. Entering the station with the 08.50 from Dublin to Tralee is No 087. The railtour is returning to Dublin, and No 85 will later haul it up the ex-GNR(I) main line from Dublin Connolly to Belfast Central. *Author*

Above right: **KILLARNEY** The pointwork and signals at the east end of Killarney station are shown here on 13 May 1987. The Tralee line can be seen on the far left descending to meet the line to Mallow near the overbridge in the distance. *Author*

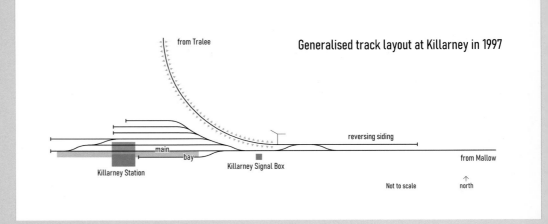

Generalised track layout at Killarney in 1997

from Tralee

reversing siding

main

bay

from Mallow

Killarney Station

Killarney Signal Box

Not to scale

north

Above: **KILLARNEY** After the arrival of the Tralee train, No 220 has reversed out of the station and now climbs away from Killarney on the single-track line to Tralee with the 12.55 from Cork. No 210 can be seen standing in Killarney station with its train for Dublin. *Author*

Above: **KILLARNEY** No 220 *River Blackwater/An Abhainn Dhubh* stands in Killarney station with the 12.55 from Cork, comprising Cravens coaches and a BGSV, on 12 June 1997. It is awaiting the arrival of the 14.10 from Tralee to Dublin, which will soon reverse into the platform on the right. *Author*

Right: **KILLARNEY** No 210 *River Erne/Abhainn na Héirne* and its rake of Mk 3 coaches sweeps round the curve above Killarney station with the 14.10 from Tralee. Once past the junction for the station it will stop and reverse its train back into it. Note the line of sugar beet wagons standing in the Killarney goods yard. *Author*

Above and top right: **TRALEE** These two views show the railway infrastructure at Tralee on 13 May 1989. The first shows the station with its overall roof; on the extreme left can be seen the tender of preserved Class 'V' No 85 *Merlin*, which will haul the 'Mount Brandon Railtour' back to Dublin next morning. Class WT 2-6-4 tank No 4 also spent the night at Tralee. The second picture shows the signal box. The line once ran west of Tralee to Fenit on the coast, and to Limerick via Ballingrane. *Author*

Above: **TRALEE** No 220 runs around its train, the 12.55 from Cork, at Tralee on 12 June 1997. It will later work the 17.45 back to Cork. *Author*

Left: **TRALEE** No 082 waits at Tralee with the 08.05 train to Dublin on Sunday 14 May 1989. The 'Mount Brandon Railtour' will follow the service train back to Dublin. *Author*

2.7 Dublin Heuston to Waterford (112 miles) (and to Carrick-on-Suir 13¾ miles)

Trains between Dublin and Waterford today follow a rather circuitous route using lines constructed by several early railway companies, all of which ended up as part of the GSR in 1925. From Dublin trains use the former GS&WR Cork main line as far as Kildare before branching south at Cherryville Junction to run through Carlow and Bagenalstown on another GS&WR line opened in 1848. At Bagenalstown trains head west to the terminus station at Kilkenny, where they must reverse; this station was renamed Kilkenny MacDonagh in 1966 in memory of Thomas MacDonagh. Until recently locos had to run round before continuing their journey south to Waterford, but during the 2000s a Mk 3 push-pull set had a daily roster between Dublin and Waterford, powered by a Class 201 loco, so that this manoeuvre could be avoided. The run-round loop is now no longer required as all regular passenger services are worked by DMUs. A further line, which opened only in 1995, leaves the single line into Kilkenny at Lavistown North Junction and joins the line out of it at Lavistown South Junction; this allows container trains to run direct from Kildare to Waterford. It should be noted that until the line closed in 1962 trains could run direct from Portlaoise, on the Cork main line, to Kilkenny; these did not have to reverse at Kilkenny as for them it was a through station.

The Waterford station used by trains today opened in 1864, and was named Waterford Plunkett after Joseph Plunkett in 1966. On 13 June 1997 we arrived there on the 16.35 train from Limerick Junction, later joining the 18.20 to Dublin headed by No 226.

Right: **KILDARE** All trains from Dublin Heuston pass through Kildare, including those for the single-track Waterford line. The latter leaves the Cork line at Cherryville Junction, west of Kildare station. The RPSI's Class 'WT' 2-6-4 tank No 4 stands in Kildare station with the return 'Michael Davitt Railtour' from Ballina to Dublin on 16 July 2006; this comprises Cravens coaches, which had replaced the wooden 'Mullingar' set (see pages 43 and 44). The engine is working bunker-first because the Claremorris turntable had seized up! In the first photo No 077 arrives with a westbound express from Dublin, while in the second No 087 passes on the through line with an express to Dublin.
Both David Alison

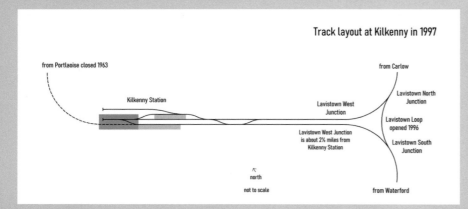

Track layout at Kilkenny in 1997

from Portlaoise closed 1963

Kilkenny Station

Lavistown West
Junction

Lavistown West Junction
is about 2½ miles from
Kilkenny Station

from Carlow

Lavistown North
Junction

Lavistown Loop
opened 1996

Lavistown South
Junction

north
not to scale

from Waterford

Below: **KILKENNEY** station is situated at the end of a short spur just west of the Cork to Waterford mainline and all trains calling there have to reverse. Here No. 228 *An Abhainn Bhuí* runs round an Irish Railway Record Society special at Kilkenny station on 13 April 1996. The train had run from Dublin Connolly to Thomastown and return to mark the opening of the Lavistown Loop. It ran outward over the Loop but returned to Dublin via Kilkenny station. *David Houston*

Above: **WATERFORD** Nos. 152 and 190 are seen under the signal box at Waterford on 31 March 2007. The locos are in the process of running round the Irish Traction Group's (ITG) tour from Dublin to Waterford. The tour will later leave for Dublin via Tipperary and Limerick Junction. *David Alison*

Right: **WATERFORD** No 226 *River Suir/Abhainn na Siuire* stands under the distinctive over-line signal box at Waterford on 13 June 1997 with the 18.25 train to Dublin. *Author*

Right: **WATERFORD** Nos 152 and 190 reverse back onto the ITG's tour at Waterford. The main line to Dublin, and the branch to Limerick Junction via Tipperary, diverge out of sight in the background.
David Alison

Left: **CARRICK-ON-SUIR** The first station west of Waterford on the line to Limerick is Carrick-on-Suir, which is also the base for the ITG. Nos 152 and 190 are seen after arrival there with the ITG's tour from Dublin; it then proceeded to Limerick Junction, where Nos 189 and 146 took over for the run back to Dublin.
David Alison

CARRICK-ON-SUIR At Carrick-on-Suir the ITG's tour from Dublin on 31 March 2007 passes two Class 121 diesel-electrics, Nos 134 and 124, on a cement train. These were the last two of their class in active service and were subsequently preserved, No 124 by the ITG and No 134 by the RPSI. *David Alison*

3.1 Dublin Connolly station

When my friend and I visited Connolly station in June 1997 its main-line departures went to Belfast, Sligo and Rosslare, with additional outer suburban services to Dundalk, Mullingar and Arklow respectively. The latter had been supplemented in 1984 by Dublin Area Rapid Transit (DART) electric trains between Howth and Bray.

Each of the main-line destinations was once served by a different railway company. The Dublin to Belfast trains were run by the Great Northern Railway (Ireland) (GNR(I)). This company was effectively nationalised in 1953 and run by the Great Northern Railway Board until it was liquidated in 1958. It then became the joint property of Córas Iompair Éireann (CIE) and the Ulster Transport Authority (UTA). The Sligo trains were run by the Midland Great Western Railway (MGWR) and became part of Great Southern Railways (GSR) in 1925 and CIE in 1945. These trains did not use Connolly station until 1937, when the M&GWR's Broadstone terminus closed. Trains going south to Rosslare belonged to the Dublin & South Eastern Railway (D&SER) as far as Wexford. It too was absorbed by GSR, then CIE. Until 1958 CIE and GNR(I) trains ran from separate adjacent stations, then facilities were concentrated at the ex-GNR(I) station. The station's name has also changed since it opened in 1844, known simply as Dublin. It later became Amiens Street and, in 1966, Connolly after James Connolly, one of the executed leaders of the Easter Rising.

Shortly after our visit the station was extensively upgraded, while in 2000 DART services were extended north to Malahide and south to Greystones. Connolly remains Ireland's busiest station and is now connected to Heuston station by Luas trams.

DUBLIN No 234 *River Aherlow/Abhainn na Eatharlaí* is stabled in Connolly's Platform 1 with empty stock on 15 June 1997. In the distance another GM diesel-electric can be seen in the station's loco depot. *Author*

Above: **DUBLIN** In a busy scene at Connolly station on 15 June 1997, No 079 awaits departure on the right with the 08.40 service to Sligo, while on the left is No 222 *River Dargle/Abhainn na Dargaile* on another working. Beyond the barrier can be seen the front of NIR's No 208 in 'Enterprise' livery with a train to Belfast. *Author*

Above right: **DUBLIN** No 074 is illuminated by sunlight streaming through Connolly station's overall roof on 2 June 2003. Behind are several sets of 'Arrow' Class DMUs. *Steve Edge*

Right: **DUBLIN** Details of the front end of Class 201 No 220 *River Blackwater/An Abhainn Dhubh* at Dublin Connolly station on 2 June 2003. The Gaelic name can be seen above the cab, while the English name is on the other side of the cab. *Steve Edge*

DUBLIN No 234 stands at Connolly's Platform 7 with an unidentified train on 16 June 1997. On the left is 'Arrow' Class DMU No 2602 forming a commuter service; this unit was built by the Tokyo Car Corporation with hydraulic transmission from 1993. The overhead wires are used by DART trains between Howth in the north and Bray in the south. *Author*

3.2 Dublin Connolly to Belfast (113½ miles)

Although in 1997 my friend and I had insufficient time to travel on this important main line, we were able to photograph 'Enterprise' trains leaving Connolly station for Belfast Central.

This service, at first non-stop, became possible in 1947 when agreement was reached by the two Governments over customs inspections at each terminus. Belfast Central opened in April 1976, prior to which trains had run to Belfast Great Victoria Street. Belfast Central was renamed Lanyon Place in 2018. As described in Chapter 1 and pictured here, NIR's version of IR's Class 071 and its Class 201 diesels dedicated to these services carried a distinctive livery, as did IR's Class 201s. During the 1980s and 1990s IR operated its services with Mk 2d coaches, while NIR worked its with earlier ex-BR Mk 2s, which carried a distinctive grey and blue-stripe livery. French built De Dietrich push-pull stock was introduced from 1997. The photos of GM diesels on 'Enterprise' trains north of Dublin have been kindly provided by David Houston.

My only train journey between Dublin and Belfast, on Sunday 14 May 1989 and much of it in the dark, was a memorable one. I was on board the RPSI's 'Mount Brandon Railtour' headed appropriately by ex-GNR(I) Class 'V' 4-4-0 *Merlin*. Due to very late running we did not arrive at Belfast Central until around midnight, well after its expected arrival time of 21.21. The fact that we had been running later than the last scheduled train over a line that at the time was being regularly bombed by the Provisional IRA gave one pause for thought!

Left: **DUBLIN** Seen at the south end of Dublin Connolly station, No 079 has arrived with the 14.35 train from Sligo. It will next form the 18.30 to Rosslare on 15 June 1997. *Author*

Below left: **DUBLIN** Northern Ireland Railways (NIR) Class 111 diesel-electric No 111 *Great Northern* leaves Connolly with what is thought to be the 17.55 relief (to the 18.20) 'Enterprise' train to Belfast Central on 15 June 1997. No 111 was the first of three locos built by General Motors for NIR in the 1980s, based on the CIE's Class 071. They are now numbered 8111 to 8113. *Author*

Below: **DUBLIN** One of the two Class 201 diesel-electrics built for NIR in 1994 for its 'Enterprise' trains, No 208 *River Lagan* stands in Dublin Connolly with the 18.20 service to Belfast Central on the same day. On its left is No 084 with a train to Sligo. NIR's 'Enterprise' locos are now numbered 8208 and 8209. *Author*

Left: **DUBLIN** IR's No 080SA heads a rake of NIR's early BR Mk 2 coaches in grey with blue stripe livery out of Connolly station with the 11.00 'Enterprise' service to Belfast on 28 June 1986. No 080 is probably on loan to NIR due a shortage of its own locos. The 'S' indicates that the loco is fitted with the Continuous Automatic Warning System (CAWS), and the 'A' stands for 'Air and Vacuum Brakes'; this was an interim suffix used until all GM locos were fitted with air brakes. *David Houston*

Below left: **BELFAST** No 087 with a rake of IR's Mk 2d coaches stands in Belfast Central station with the 11.00 'Enterprise' service for Dublin Connolly on 29 January 1994. Belfast Central station opened in 1976 and was renamed Lanyon Place in 2018. *David Houston*

Below: **BELFAST** The same train is seen at Belfast Central on 30 September 1995, this time headed by No 211 *River Suck/Abhainn na Suca*. French-built coaches replaced the IR Mk2d and 3 and NIR earlier Mk 2 coaches from 1997. *David Houston*

BELFAST Before Belfast Central station opened 'Enterprise' trains terminated at Belfast Great Victoria Street. Here NIR Class 111 diesel-electric No 111 *Great Northern* stands in the station on 4 June 2003 with the 17.12 to Newry. At the time this was the only loco-worked train from the station. It comprises a set of NIR's BREL-built Mk 2 coaches in blue-stripe livery, with a BGV at the front. Note the grilles for ventilation. *Steve Edge*

3.3 Dublin Connolly to Sligo (135¾ miles)

The passenger service between Connolly and Sligo is the last to use the former MGWR main line via Mullingar. We travelled over the line on Sunday 15 June 1997 on the 08.40 from Connolly behind No 079 (Class 201 locos were only permitted on the Sligo line as far as Edgworthstown for emergencies only). Double track ended at Maynooth, some 15 miles from Dublin. Mullingar station has a 'Y'-shaped layout, with Sligo trains using the right-hand arm. To the left, but hidden by the station buildings, were the curving left-hand lines to Athlone, which, until 1973, were used by MGWR trains from Galway and Westport, terminating at Dublin Pearse. This line retained a passenger service until 1987, but by 1997 was goods-only.

The single-platform halt at Collooney was our last stop before Sligo. The town once boasted three stations, owned by the MGWR, GS&WR and Sligo, Leitrim & Northern Counties Railway (SL&NCR). The GS&WR's station once saw trains between Limerick and Sligo, but closed to passengers in 1963 and to goods in 1975. The SL&NCR reached Collooney in 1881, closing in 1957 when the still private company collapsed.

Sligo is an attractive station comprising two curving platforms with overhead roof spans, although only the sections above the platforms are glazed. It opened in 1862 and was renamed Sligo Mac Diarmada in 1966. We returned to Dublin at 14.35, again behind No 079. When we stopped at Dromod our carriage fortunately overlooked the terminus of the preserved 3-foot-gauge Cavan & Leitrim Railway, with a train headed by 0-4-0 tank loco *Dromod* (Kerr Stuart, 1916). The original narrow-gauge railway operated between 1887 and 1959 and a short section is now being restored.

KILCOCK No 079 heads the 08.40 train from Dublin to Sligo through the Irish countryside near Kilcock on a sunny Sunday morning, 15 June 1997. *Neil Carter*

Top right: **MULLINGAR** No 079 has now arrived at the curving platform at Mullingar, which at the time was the junction for the line to Athlone, but this has since closed. It was once the Irish home of the Railway Preservation Society of Ireland (RPSI). *Neil Carter*

Right: **SLIGO** Passengers alight from the 08.40 train from Dublin at Sligo on the same day. To the left a BGSV heats a rake of Cravens coaches standing in one of the station's two central lines. *Author*

Top left: **SLIGO** No 079 passes the signal box at Sligo while running round its train. The line behind the signal box served Sligo goods yard, quay and bitumen terminal. *Neil Carter*

Left: and above: **SLIGO** These two final views of No 079 show it waiting to reverse its train into the up platform at Sligo. In the first, Sligo's part overall roof and arrivals platform can be seen, together with the rake of Cravens coaches in one of the two central roads. No 079 will later head the 14.35 train back to Dublin on Sunday 15 June 1997. *Author*

3.4 Dublin Connolly to Rosslare (104½ miles) (including Rosslare to Waterford 38¼ miles)

Our last journey in Ireland in 1997 was between Connolly and Wicklow on the line to Rosslare. This line was also built piecemeal by several companies. These included Ireland's first railway, the 4ft 8½in-gauge Dublin & Kingstown Railway, which opened in 1834 with its terminus at Westland Row. Kingstown is now known as Dun Laoghaire. Westland Row became Dublin Pearse, named after Padraig Pearse, in 1966. A line linking Amiens Street (Connolly) with Westland Row (Pearse) stations did not open until 1891. Trains to Wexford were then operated by the Dublin, Wicklow & Wexford Railway, which became the D&SER in 1906.

In June 1997 our train was the 18.30 from Connolly to Rosslare Harbour, which comprised No 079 and the stock from our Sligo train. Our first stop after leaving Connolly was Pearse, which remains one of Dublin's busiest stations. At the time virtually all Rosslare trains were worked by Class 071 locos, as Class 201 diesels could then only operate passenger trains as far south as Bray and goods as far as Shelton Abbey Sidings, near Arklow; south of Arklow they are only allowed in an emergency. South of Bray the track becomes single, and we also left behind the overhead wires of the DART trains. Between Bray and Greystones the route skirts around Bray Head, one of Ireland's most scenic lines. It is the only place I have ever seen nesting guillemots from a train! Due to coastal erosion it is also one of the costliest sections in Ireland to maintain, having involved at least one major track diversion. Much of the line to Wicklow

runs along the shore of the Irish Sea but all too soon we arrived at Wicklow where, because of time restraints, we left the train to await the arrival of the 18.00 from Rosslare headed by No 077.

The present Wexford station opened in 1874 and was rebuilt in 1890. South of Wexford trains had to travel over the rails of other railway companies until these became part of the GS&WR in 1898. In 1966 Wexford station was renamed Wexford O'Hanrahan after Michael O'Hanrahan.

Rosslare Harbour station first opened in August 1906 but has since been rebuilt several times, including in the 1990s when it was renamed Rosslare Europort. Rosslare Europort station relocated to its present site in April 2008. Once again I have to thank David Houston and Stephen Edge for allowing me to use their photographs to illustrate the GM diesels using the route.

BRAY NIR diesel-electric No 112 *Northern Counties* stands in Bray station with an ITG special train from Sligo on 15 July 1995. The train comprises four Cravens coaches and a BGSV. On the extreme left is one of the German-built DART EMUs introduced in 1983. Bray was the southern terminus for these trains until 2000 when the service was extended to Greystones. The track south of Bray is single. *David Houston*

Right: **GREYSTONES** No 147 comes off the single track as it approaches Greystones station with a train of empty ammonia tankers from Shelton Abbey Sidings to Marino Point Sidings on the Cobh line on 2 July 1994. Its arrival is watched by passengers off an RPSI special from Dublin Connolly to Rosslare Harbour and return, hauled by ex-D&SER 2-6-0 No 461. The single-track line to the north was resignalled with the extension of DART services in 2000. The station's proximity to the coast is clearly illustrated. *David Houston*

Right: **WICKLOW** No 079 stands in Wicklow station with the 18.30 train from Dublin to Rosslare on 15 June 1997. Earlier in the day the loco and stock of Mk 2d coaches had worked to Sligo and back. *Author*

Left: **WICKLOW** No 077 arrives at Wicklow with the very crowded Sunday evening 18.00 service from Rosslare to Dublin on the same day. The train also comprises Mk 2d coaches with a BGV behind the loco. *Author*

Bottom left: **ARKLOW** No 071 was clearly in regular use on the Rosslare line in the late summer of 1999 as it is seen again approaching Arklow on 4 September with a train to Dublin. In the foreground is the down platform starter signal. *Steve Edge*

Below: **RATHDRUM** No 081 arrives at Rathdrum with a train from Dublin to Rosslare in August 1999. The train driver and Rathdrum signalman are exchanging the Electric Train Staff (ETS) for the single-track section between Wicklow and Rathdrum with that allowing the train to go forward to Arklow. *Steve Edge*

Left and below left: **GOREY** No 071 is seen yet again on Rosslare line trains in August 1999, this time at Gorey. In the first view the driver receives the ETS for the single-line section south to Enniscorthy. He has just relinquished the staff for the section from Arklow, which can be seen lying on the platform. The lower picture shows passengers awaiting the arrival of No 071 with a northbound train to Dublin. *Both Steve Edge*

Below: **ENNISCORTHY** No 075 crosses the River Slaney at Enniscorthy with a train from Dublin to Rosslare during September 1999. The train is again formed of Mk 2d coaches and a BGV. The next stations are Wexford and Rosslare Strand. *Steve Edge*

Above: **WELLINGTON BRIDGE** Wellington Bridge station, situated about halfway between Rosslare and Waterford, was the location of IR's loading point for sugar beet traffic. Here No 076 is stabled at the station with a train of empty sugar beet wagons on 12 October 2002. *David Houston*

Above left: **ROSSLARE** No 142 is seen in Rosslare Harbour station after arrival with the 10.40 service from Limerick via Tipperary on 2 September 1995. The service to and from Limerick was cut back to Waterford in September 2010. *David Houston*

Left: **ROSSLARE** No 072 stands in Rosslare Harbour station, by then renamed Rosslare Europort, with the 14.45 train to Dublin Connolly on 3 May 2001. The present Rosslare Europort station replaced it on a different site in April 2008. *David Houston*

WELLINGTON BRIDGE Three years later NIR's No 112 *Northern Counties* has been hired by IR to help with the sugar beet traffic, and is pictured inside the Wellington Bridge facility on 3 November 2005. In the distance a Class 071 loco waiting to depart with a loaded train of sugar beet for the processing plant near Mallow. This traffic ended on IR in January 2006. *David Houston*